Introducing PuzzleWhiz: Your Weekly Brain Boost!

Are you ready to supercharge your brain, sharpen your mind, and have a blast doing it? Welcome to **PuzzleWhiz**, your ultimate companion for weekly mental challenges that are as fun as they are brain-boosting! Designed to keep your mind sharp and entertained, PuzzleWhiz is the perfect way to unwind while giving your cognitive skills a serious workout.

Why Choose PuzzleWhiz?

- **Fresh Challenges Every Week:** Each issue of PuzzleWhiz Word Search is packed with a new set of thrilling puzzles, No two weeks are the same, keeping you on your toes with fresh challenges designed to engage and excite.

- **Scientifically Proven Brain Benefits:** Did you know that solving puzzles regularly can improve memory, enhance problem-solving skills, and even boost IQ? PuzzleWhiz offers a fun and engaging way to keep your brain active, with puzzles that are scientifically proven to benefit mental health.

- **Perfect for All Ages:** Whether you're 8 or 80, PuzzleWhiz is designed to challenge and delight every puzzle enthusiast. It's the perfect way to spend quality time with family or enjoy some well-deserved "me time."

- **Stay Ahead with Monthly and Yearly Subscriptions:** Don't miss a single issue! Subscribe monthly and get 4 exciting issues delivered straight to your door—or go all-in with our **Yearly Bundle** of 52 issues, including a special edition that you can't find anywhere else!

- **Exclusive Special Editions:** Our annual subscribers receive a **Special Edition** packed with bonus puzzles, expert tips, and exclusive content that takes your puzzle-solving skills to the next level. This edition alone is worth the price of admission!

Your Subscription Options:

1. **Weekly Thrills:** Grab your PuzzleWhiz every week and enjoy fresh, exciting puzzles that will keep your brain buzzing.

2. **Monthly Bundle of 4:** Save more and stay ahead of the game! Get a bundle of 4 issues delivered each month, ensuring you never miss a week of mental fun.

3. **Yearly Subscription with Special Edition:** The ultimate package for puzzle enthusiasts! Get 52 weeks of PuzzleWhiz plus a collectible special edition that celebrates the very best of brain challenges with exclusive puzzles, brain-boosting tips, and more.

Don't Just Play—Train Your Brain with PuzzleWhiz!

With PuzzleWhiz, every week is a new opportunity to challenge your mind, improve your cognitive skills, and have a blast doing it. Our puzzles aren't just games—they're brain workouts designed to keep you sharp, focused, and ready for anything life throws your way.

Why PuzzleWhiz and What does it offer?

PuzzleWhiz isn't just another puzzle book—it's your gateway to a world of endless mental challenges, creativity, and fun. Whether you're a seasoned puzzle solver or just looking for a way to keep your mind sharp, PuzzleWhiz is crafted to be the perfect companion for everyone.

Here's why PuzzleWhiz is the best choice: Puzzles are more than just a pastime; they are powerful tools that challenge and stimulate the human mind. From word games to number challenges, puzzles engage cognitive functions, enhance problem-solving skills, and boost mental agility. Research shows that engaging in puzzles can improve brain function, memory, and even delay cognitive decline, making them invaluable for people of all ages. Below, we explore a variety of puzzles and their specific benefits to the human mind and life.

Word Search

A word search is a puzzle that requires players to find hidden words in a grid of letters. Words can appear horizontally, vertically, or diagonally.

Word searches are simple, yet addictive. There's nothing quite like the thrill of spotting a tricky word hidden in plain sight! From quick 5-minute puzzles to deeper, more challenging hunts, this book will take you on a journey through themed words you'll love. Grab your favorite pen or pencil—let's get started!

Importance: Word searches improve pattern recognition, vocabulary, and spelling skills. They also enhance visual scanning and focus, which are critical skills in everyday tasks. Studies have shown that word search puzzles activate the brain's language and memory areas, contributing to cognitive resilience (Smith, 2020).

Tips to Tackle Word Search Puzzles Like a Pro

Here are some tried-and-true tips to help you master these puzzles:

1. **Give the Grid a Quick Look:** Skim the puzzle first to see if any words jump out right away. It's a good way to get the momentum going.

2. **Start with Unique Letters:** Words with unusual letters—like X, Z, or Q—are easier to spot. Zero in on those first.

3. **Think in All Directions:** Words can run vertically, horizontally, diagonally, or even backward. Stay flexible!

4. **Mark as You Go:** Cross out words once you find them—it keeps things neat and avoids confusion.

5. **Use the Word List for Hints:** If you're stuck, go back to the word list to break it down. Look for starting letters or clusters.

6. **Take Breaks if Needed:** Don't get frustrated, sometimes stepping away and coming back with fresh eyes makes all the difference.

7. **Watch for Overlaps:** Keep an eye out, some puzzles are sneaky with words sharing letters!

Why Word Search Puzzles Are Amazing for You

Solving word searches isn't just fun, it's actually great for your brain and well-being!

- **Builds a Better Vocabulary:** You'll learn new words and strengthen your spelling without even realizing it.

- **Improves Focus and Attention:** Word searches train your brain to focus, ignore distractions, and stay on task.

- **Strengthens Pattern Recognition:** Spotting patterns in puzzles carries over to real-life problem-solving skills.

- **Relieves Stress:** There's something incredibly relaxing about getting lost in a good puzzle—it's like meditation!

- **Keeps Your Brain Sharp:** Word searches keep your mind active and may help prevent memory loss over time.

- **Encourages Quick Thinking:** The more puzzles you do, the faster your brain gets at finding solutions.

- **Brings People Together:** Whether you're competing or collaborating, solving puzzles with others makes for great bonding moments.

This book isn't just about finding words—it's about finding joy, challenge, and a sense of accomplishment. Each puzzle offers a mini-adventure, and with every word you find, you're training your brain to think sharper and faster. So what are you waiting for? Dive in, enjoy the hunt, and watch those words come alive!

Happy puzzling!

Subscribe today and become part of the PuzzleWhiz community! Weekly excitement, monthly bundles, and yearly specials await. Don't miss out—your brain will thank you!

References
- Smith, A. (2020). The Impact of Word Search Puzzles on Cognitive Function. *Memory and Language Journal*

SUBSCRIBE

PUZZLEWHIZ

Name:

____

Address:

____

____

Postcode: __________   Phone: __________________

Email: __________________

Subscription

Weekly ☐   Monthly ☐   Yearly ☐

Please fill the form and send it by email to:
PuzzleWhizPub@gmail.com

Payment Information will be sent to your email and phone.

```
Q W K X O P I L R Y L S R E K C A R C W X D I
Y J D I O O L Q E C L X E O A X K P N S O U S
S L N D B P W C I N A F E S I U O L E K A L N
H M I V V N A O I A B D R R C X F L Z S H K O
X U I F M N R I J Z T E T O Y H D D D E M P W
M H J M R E P B E V O L C Q S D A U J V N F H
X F N U H J N V M A O H N F I T W L D N R D I
A H F I C X K F B D F W R R C P C W L I N D K
D G I H N V R A V A W N M T Q K K O E E H Q E
V S W Y K L I S F N O E Z L T T O N V X N Z S
E Q E R F T E D X A N M M A R G D Z G E S G A
N M S T R X O R R C S I M C O S Z S S E R Q E
T S N R E N O T P W A G E L B A R O V A F E D
U G O L Q L S Y K Q K E X R R K T G U F C W D
R K F V X C H R M L S R C O M P A G N O N I V
E E M Z A T K T Y T I L I C A F M C E L P K X
R Y T B M D D C A S R O T A T C E P S A A U X
S T A E R T E R H X I M W F Y Y L T E A C Y Q
```

FROST-COVERED	LAKELOUISE	ATHLETES
ADVENTURERS	SNOWFOOTBALL	BAIT
COMPAGNONI	REGIMEN	FURNACE
SNOW-HIKES	PODIUM	SPECTATORS
RIDDLES	CRACKERS	CANADA
FRIENDS	RETREAT	REFLEXES
HEROIC	LOVE	DAVOS
CHALLENGE	FACILITY	FAVORABLE

Puzzle # 2

```
R M F O G H E R J H D C I D L Y P L L Y Y F C
L X Q W F M D T R T G F Y R E B D V M P V L N
P P O A J T X M H U A V U H T T L B E T O G P
O S B U N S N D I E E L F N P P I U L Z Q Z L
I P O K O W E D Z S R Y M H C A F R E J A W M
J H G A H E E T M U W E B V E T N F E L E I S
S P A M P L T X O O V S A R D H I T O M I Q V
S E A S I W E B N S S G I L G B I O F E I N N
N I Y N V I C S F Z S E I G Y R Z O N N C S E
O W E H J O H H V W X L L R H E T G G A R A F
W S H A K Z N O O S B D M V E A R M A W L H F
S J W I O J I L W I H N R H R K E Q H Z O R E
L K M L K U Q R G S B G H Q O I K A U T A U F
I V B I R F U W C N E K I H I N O P C J T P L
D J O N Z L E O H J Q R B H S G B O V T U L B
E M I G R A T I O N G N O V M N C I V F I Y B
S C E Z Z T F W P R O S P E R O U S E K I M M
Y B A J Y T L O D A Q K C S A D E T S A U V L
```

SNOWY	ETHEREAL	SCOTTY
MERITED	HOTCOCOA	MAPS
HIGHS	GUIDELINES	SNOWSLIDES
SPEED	LOWS	FUNCTIONAL
BLUELINE	TECHNIQUE	HAILING
PROSPEROUS	FACEOFF	SKILL
LEGS	PATH-BREAKING	MIGRATION
TREK	HEROISM	EDGY

Puzzle # 3

```
T D P Y D I D I E R I C H R O N I C L E S D J
G Y R O L G T H G I N R E T N I W Q S M F X N
H N I C F M E C C T S F I R Z L W V T M V J M
R E I A E F F E C T I V E S U L C B E P B X R
E V V K S W V F K A Z G E V S S H S M B Y H G
S I I S K N V R A S J N G A H P I I L T K E R
U T D M B E V O A E K Q A U E A K V E W N A F
L I L B A R R S U L I R G W E D I V H I E S X
T T N L C R L T E D W O N V E S N F P G V S F
S E S I I Q W Y A O O Q E Z M E G L D R S Z U
J P T Z V R F G Y O X M I P O K A A O O T I Y
L M U Z X Q D A F D D N Q J H M E E L Q H N J
O O N A G U C M X W G C J Q P H K N I R E C I
X C T R G Q H E H O F R O S T Y F R I E N D Q
C D S D R Q F S C N O N M P I K B J B M G E B
F W I T Q L V E C S G W I N D C H I L L B H X
Z C O M F O R T C Z S R E D N O W R E T N I W
V C I Y R I U A T F U M A A P C R B P C K H I
```

BLIZZARD	ICE-RINK	WINTERWONDERS
STUNTS	WINDCHILL	HEADGEAR
ALPINE	EFFECTIVE	TREKKING
COMFORT	COMPETITIVE	RESULTS
SNOWDOODLES	HELMETS	HIKING
RECOGNIZED	FROSTYFRIEND	DRILL
DIDIER	CHRONICLES	FROSTYGAMES
WINTER-NIGHT	GLORY	ENGAGE

M G U D H L F S J I B N Z S E G A I R R A C E
H N S K V P N W E Y V C Y R N Z Q V K A O O T
W S W F N O O X N L E A Y O M P Y J O W S P S
U Q H D Z B E Q M O W W I D R A O B W O N S Y
I M M Z E R G I I H P T Q S N S E T U O R X G
A A L E C T T W T C C P T B H F E S T I V A L
B G H I T N A A H E E E Z V Y I G L X E X C Z
D Q S M W H P R F L K B S E H C S I W D N A S
I E E N J Y O R O C P L E H Ü B Z T I K U Y J
S V C I R E D A M U E C R N C L L O O L I P
C K N I A P N J I D E O H C G I Y E S R J Z E
I D E C N A L A B C N M B J N S K Y W K Y C R
P L N M J E M Q D F A D M E B X S V W S I M Q
L R I B B W Y J I C N L K O Q F H V I Z V I E
I Q M L F Q R D J W A E V G C F T R N N W T A
N D O A G W E Q Q O L K H W A M R E T S P T X
E W R D F N R M M L S V G E I M O N E P V E V
D W P J T C I Y Y M J J I E P G N I R D I N Q

MITTEN	NORTHSKY	KITZBÜHEL
CONFIDENT	ICYPATHWAYS	FESTIVAL
KELLY	METHODICAL	JACKETS
ROUTES	DISCIPLINED	EXERCISES
CARRIAGE	SANDWISCHES	HISTORY
BALANCED	SNOWBOARD	WINTER
ICEBERGS	PROMINENCE	LINE
VRENI	COMMEMORATED	PERFECTION

Puzzle # 5

```
I C E C L I M B I N G F R S G H D Z C A W J N
K S F A S H F E Y O M A R P K J A R K M U N W
N N N W G P E M W P Z R F O M W S L S V N O S
V O N H I Q R E V I S S E R P M I H L B Z I R
S W I Q I Z V U H U N P S T M I I E I M M T H
C B U T T L O T P Q Y T M S S V T F L D A A R
H A O D I D R I E D V N E F E O Z E E P E R K
A N Q C T N N J K R E F O R S N X X A T L G K
L K B F H E G Z X C V C I T B L P I D R E I J
L E G V H R C O S V P N V O F O H S I A J M D
E I V N N Z O O C M G Z K P G G O K N C L A O
N T O O I B B N M E U B R F E A F T G K F I W
G I O X H L V W I B R G R E A T S A S S Y C N
I I F R T S R M Q C I O O W Q T A Z M C Y Z H
N K H D T U O U B N L N O C N I C F R O O E I
G N R D Y E E S C N Y E A N M X L Y E E U Y L
H I Y Q R C S K B V R R S D M I K A E L A S L
E R U P T L U C S E C I Z H L J F B O M I Y Z
```

SNOWBANK	DOWNHILL	FAMOUS
SUPINE	SHOVEL	MIGRATION
SPORTS	IMPRESSIVE	SHIVERING
ICE-SCULTPURE	COMBINED	CHRONICLES
ICECLIMBING	TORTES	RECOGNITION
FERVOR	CURLING	CHALLENGING
TRACKS	HALLMARK	WINTERBOOTS
MIKAELA	GREATS	LEADING

U V D R F T F G B D B P Y H O L I D A Y I K V
X A E S A X M D R I L L L G C D N A O Q B D S
K N S J M R W A A H O G W M V I X T B T Q X Q
L G C M I D P C O B C V W H R F O E Y K R G G
A U E M L J N O I C M B Z P E R S I S T E N T
L A N P I X E J L L O I C E F I S H I N G H X
P R T S A L R G G A G C Q U E L Y M A E T S S
I D S G R P Q X Q K R N T C V M D O C C P R M
N S Z C C L E Q N V J H V O T H E K Z U E S O
I N O I T A N I M R E T E D H Q S F S T C T N
S C W K B C U C H E Y N D R G Q V H S U E S U
T J O S U O L I R E P E G E E E E A E M P E M
S N X K F J C X D J S V M W H D M L I A A T E
A C F R O S T Y G A M E S E R C A N R P Z N N
G F O N L A E R E H T E Q K R S A X F P V O T
M D R E D E D I C A T E D R R P B E Z I A C A
J I O U Y J W I N D M D R Y N Q U F R N R V L
L N K L M A K H R V J L Q B M H R S S G K P E

HOTCOCOA	ETHEREAL	DEDICATED
MASTERS	FROSTYGAMES	DESCENTS
ALPINISTS	FAMILIAR	STEAMY
DETERMINATION	PERILOUS	SUPREME
ICE-FISHING	CUCHE	CONTESTS
PUSHED	DRILL	VANGUARDS
POLAR	PERSISTENT	MONUMENTAL
HOLIDAY	MAPPING	REACHED

U B E U E E T S U E D G N I T A K S N M Z F N
M D Z W X C C C U O B O A R D I N G T B E M E
R I V B P N E N Q W Y U C Q S X Q M F R R T H
P S D N L A I X A M K N Z U I A U Q O Q I A D
S T P O O R A C X L Q P O N H A P U R X P V X
R I A T R E D F J M A U Z Y R L T E H F K O E
E N F I A V I B I E D B L A C I D O H T E M B
D G N B T E S X F R O V Q Z N P G T T E A M F
N U P V I S C Q A Y P P G E D B B F E Y K S X
O I M C O R I K F A F G S N E V B V L D N Q N
W S W S N E P Z M S Q I K Y L C P P A X G T L
R H R B H P L B A T A U O H C N M R T I O P K
E E A I M A I R U E T N I U V B Z R Y T H B W
T D N Y F T N Q H K D X E C D P A E R S O N L
N T E M I U E T U C T P A Y K E H D I K Y K Y
I K V O V D D K Y A E S O N T O R R A C R M I
W T U Z L P O W K J L J L Y H I E Z F Z B F B
A S O Z Q Y D A F L C B S T H W T U J E B D O

FIR	BALANCE	FAIRYTALE
BEYOND	CARROT-NOSE	PERSEVERANCE
RED	DISTINGUISHED	JACKETS
STRIVE	BOARDING	QUICK
LAAX	TEAM	DISCIPLINED
METHODICAL	SHANTY	EXPLORATION
AMBITIOUS	ARDUOUS	WINTERWONDERS
PAERSON	SKATING	ROUTINES

Puzzle # 8

```
T Y Z Z D Q G V V C E Q L T T J M L O Q Y J H
T E Z L Y L E Q W E X M V B R Y A J Z P G Z N
D V C Z S U B Z E R O W I N D B R E A K E R S
L W S N A M Q C K Q N O I T R E X E F E V D E
U Q F F T A T O Z Y S S O L E R I C C L I F C
R C B D N J M N T U E R K W K K L L D B W E H
E A E Y A A T Q E N K W E G T H H U I A V H I
S R H H F A T U M Z V I X R L B I B H T I D L
O V B N H G L E O O A M J E C O S S O N R H L
L E E U E F A R C M C A W W J O O D N U C K Y
V J X G B J W I R B R L P R S E B T O O Q Y G
E M D W T B I N E J A E Y I F T I C R C S Q A
C E X H Y E L G V Z C A T T P K E V C C Q R M
P H M V U N P I O N K K O T H N Q D B A F P E
X P I R T S J C N G E I E E E U C S E R S U S
E Q O E H E T F T G R M Q N T C A D E N C E C
R A R C T I C L T Q S S X U M E C V J I A Y O
Z M V S V M Y V E D A I R V H I H J A D A P T
```

ARCTIC	WINDBREAKERS	RESCUE
CARVE	SUBZERO	CRACKERS
MIKAELA	REWRITTEN	CHILLYGAMES
HUSTLE	CONQUERING	EXERTION
BUBBLING	OVERCOME	CLUBS
ACCOUNTABLE	TRIP	RESOLVE
EDGE	ADAPT	FANTASY
AIR	CADENCE	HONOR

I N C E L E B R A T E D G W W B S T R I D E S
J L Y E L S I O T Z Q F Z N V I S N G T E S Y
Y P Y P P S Y V E N X Q R L I T P O L E V E D
F V E A T H M R S L Z O C O O G B H J K B M I
W H C E M T C E R O E Q O R S Y N Y L R N K H
V W O E R W R F U I X O I R R T D E K O N W D
J C G K W S I D O Q R E D S O N Y O L X O Q A
O S N M H L N F C Z D P F K X A F F A L L B H
H L A E X E Y N O I T A R D Y H J O R Y A N T
Y U K L C Z U Y L S U O L U C I T E M I C H N
K K A S O S A E J W H I T E N E S S V Y E X C
C G E U R D L X L T Q X S G D M G P D L C N P
A D Z O U R N A G E F F L F P U N U Z L G R D
R M J O X C H O I Q V E E W W F R X T N F Z B
T I L A V A G Q G R B A P V I S I B I L I T Y
L I Y E F F O R T S T D T C T S U D U G O O Z
I S R E K A E R B D N I W E J J J I X V B O H M
K V P A R K L A N D L M N K D R W L C Y W N V

WHITENESS	PARKLAND	TRACK
METICULOUSLY	FROSTYFRIEND	COURSE
DEVELOP	PEERS	JINGLE
CHALLENGING	DESCEND	FERVOR
RIDING	CELEBRATED	STRIDES
STORIED	CAPS	GONDOLAS
HYDRATION	ELEVATED	WINDBREAKERS
TRIALS	VISIBILITY	EFFORTS

I G T A D A P T I V E T S S L Y D Y Y K N I C
R L D L S R I V A L R Y T Y E T T E U O R I P
O N I Y O B S E R V E D S A X C R L Q G H S Y
J D Q R S M U N A D E B E L Q P E A S D O N M
L Y E K R S L L H R J J T P E W K N S N P O E
B D F S E R E P C U T V N E V P Q O E E E W I
Z J Y X N D S E P O L S O R K L R I N I R P T
L V P N R O B M H I H Q C P Y C Y S H R F A L
Y A O Y O R W R G N I L L I H C C S T F E R I
V C U C C E I G H L L B M Z N I R E O Y C K K
B Q T O I M S M L N Z A J X L N Z F O W T D M
T Z C Q C Z M I S O K S E V X G E O M O I Q L
T G O A W J K U C J B F Q V V B T R S N O L W
Y L M X Z F T N S E P E K P G V D P Q S N O H
V K E Y D A F M D U R C S E M A G Y T S O R F
K U S Z T H E L R G I P S L I A R T Y W O N S
X M I S E K X A R Q R E L A X A T I O N H D O
G N I T E P M O C G O B O A G E A R Q U H R M

FROSTYGAMES	RELAXATION	GEAR
STATUS	PIROUETTE	SNOWPARK
CONTESTS	CLUBS	SNOWYFRIEND
PROFESSIONAL	COMPETING	PERFECTION
SNOWGLOBE	CHILLING	PRECISE
SMOOTHNESS	CORNERS	RIVALRY
OBSERVED	ADAPTIVE	SNOWYTRAILS
SLOPES	OUTCOMES	REPLAYS

```
I S N O W C R I C K E T R D X V T S H G K D O
P U T S K I M M E R C Y E R A B D O V V N R N
E G D Y S D U W Z R L D G F G O D D I J I K D
O Z L E U Y P I A Q T E I D Q M E M J Q R N U
O C I R M P D Y I Y T R O N O H O L L X U E L
K R S C O I U P R O U D N S L Z H S L O P E S
C A V E D M A U N U R S S W X Q S N S U H V X
J L E I U L Z L W S E D A L B X W N E W J Y E
U O J P U Y B U C L H E T O U P O N H A O N H
G S A O C O C K D C W F A F K W N Z Z G X A G
L H C A O R P P A P A Q E W B I S B Z O T I A
Q I O S X Z S W I Q P C O F A B X E P N B U S F
G N I K A T H T A E R B N J E H J A X K R T N
N D S N C C G W Q R B K H K T A C T I C O A J
R I O B O Z E L M M Y C S S E L T N E L E R R
M B F R S A H E V C W P L Y R I Y V Z N V S V
U Q A Y I L N B B F O Z L T V L Z B Z G T G U
T D E C I O J E R S T O O B R E T N I W P Q H
```

SNOWBANK	SKIMMER	SNOWSHOED
REGIONS	SNOWCRICKET	BREATHTAKING
STARS	REJOICED	COCOA
SOLAR	ACCLAIMED	RINK
WINTERBOOTS	FEAT	SLOPES
BLADES	APPROACH	RELENTLESS
AYUMU	TACTIC	ROD
PEAK	PROUD	HONOR

Puzzle # 12

```
W N Q M L H V R K G N I G D E L S F T R W Q T
B Q A D E C N E I R E P X E M M Y M N W Y N P
B S E C A R O V G J S D R O K T C R Q B K F F
K D P A F D T D D J J Z U O Y S T V D P Y K Y
T Z E E Q X C O M P E T I N G X U O W W C R T
H Q G N J S A B J R N G O T H P Q N E E Z E N
W U Y U H N V L J P V R I V A L S N O G V C E
L I H N G O R D E T S U R T D A O S R T Y O D
L E K A S W Y O A S S U A B A L A N C E D G N
Y H A V C S R A K G U L D A E T S E M O H N E
R R E C O L L E C T I O N S X R H G A X M I C
E P H H E I A E W V Q A J X G O O N D O G T S
O Z R A H D V Y E L E G A N T F O P H L N I N
Z M U L G E I D T R R N O D M F V U O E K O A
F E B E Q S R N Z G X O J A R E B G V W E N R
F B A T S T N E M E C N A V D A T E F J D A T
J X P S G P A Y Z D E R E V O C T S O R F E B
L U S P E C T A T O R S U O R E P S O R P O R
```

FROST-COVERED	VONN	COMPETING
SPECTATORS	SNOWSLIDES	RIVALRY
RACES	TRUSTED	HOMESTEAD
CHALETS	EXPERIENCED	BALANCED
POWDER	SLEDGING	ADVANCEMENTS
PROSPEROUS	EVENT	LUGE
RIVALS	ELEGANT	EFFORT
RECOGNITION	TRANSCENDENT	RECOLLECTIONS

L D W H X U L S P G G G X C C P K J I B M C O
A E U I D A H K G L N Z O I P X N U B J E F H
C M U L U M U N A I R E Q Y T I T N E D I F S
A R P L Y O I C D F N O C H I S W N B M A P P
P S P S N E I N C P H Z V N X E H V B F R J E
A I J I N A U Q E O J P T A E G N U L P C G L
B R Z D L O N T Q H S F A R E T F C W G T I L
I N D E T A L U S N I P G J Q D N A H M I D B
L H Y S Z J J W W X G E C V H M N E D C C O I
I I A Q O Q B A H L D C E D P F A E S S C O N
T M E X P O S U R E T R O M L S U P T H I Y D
I W S R E I K S I D E Y E Y A B G Z W K R N I
E V H K S W C T G T R R N N H K E F S H C S N
S N N I N Y E K A N I D U B E S R S H X L C G
H K C I T D B E J B S K D E B I R G I T E N U
W L L Y G A H S E E D B N L L M S M X Z A B G
S Z P F E K D L Y I G L O O C R A F T I N G E
W Z F I C W I N D B R E A K E R S P R I N G S

GLACIAL	SPRINGS	ENDEAVOR
SKIERS	IGLOOCRAFTING	AUGER
LINDSEY	IDENTITY	HILLSIDE
HEATER	TED	SENTENCE
INSULATED	ARCTIC-CIRCLE	EXPOSURE
DEGREE	MERIBEL	BIRGITEN
CAPABILITIES	SPELLBINDING	PLUNGE
WINDBREAKERS	ASTOUNDING	KEEN

Puzzle # 14

J O Q N Z P N B T Z P G L R U R Q O K T B I E
K U H G H O E D N V V D V C I C E N V J A Y K
N F T P K I S T E E L B A T O N N A P L O E L
G D A A Y C T Y M T I G R B C D L K R G D L N K
S J I T R R A N P U B S Q R U U Y I R K Y M N
R T Y H R A B S I M U L A T E O G H J X S I C
O K E B L C L M U D I C J C Z R Q Y X E H X
T Y U R D K I K Q N K M F A H S P S J K T X C C
A T Z E T L S O E E S G Y N E M E R G I N G C
T H L A X I H K R H S Y A L R A D P A I R E D
C S O K S N M S R A T L Z A K G N I L L I H C
E F X I N G E J O W B C K J G E Y S I R E L G
P J Z N I F N X V K G C F O R I G I N A L D G
S K V G A I T M A M I N D F N B H X J Q I C Z
N U D N R R J O F T R A I F T L U C I F F I D
O Y A J R E Y D S A V Z I N Q X Z M H A J I O
E T S D E R O V A F C E J L U Y R E P P I L S
D G S U T S T V H Y E E D C E T X N R A M C O

CHIMNEY	CRACKERS	ESTABLISHMENT
EMERGING	CRACKLINGFIRE	CHILLING
ORIGINAL	PATH-BREAKING	STICK-ARMS
HIRANO	TUNING	PAIRED
SLED	NOTABLE	SIMULATE
FAVOR	GEYSIRE	TERRAINS
SPECTATORS	SLIPPERY	EQUIPMENT
PROUD	DIFFICULT	FAVORED

Puzzle # 15

```
I I W M Z F C W L W W V A M Z T D F Q X C S N
C C V G G K G G B C S L E S S O N S G S X V J
F E U M Q Z V B H I I D P E D J L K P P Z V U
U S R T Z R P F V U N S T R O S E R D I T P E
K K Y K D G S T N A T S E T N O C D X T S M U
M A K R O W M A E T N C U Q G T R A N Q U I L
D T W P S D H B A U P N A L M Y J P P G N N R
F I K A Z T L A A G I W Y I A Z E Q U J G L I
L N J E C A R H G C A M N D U T K K R R L H D
T G H F D G S S T R O F W O N S E H P H A S G
Q D G K E N K O L U S K C E M A F D O C S S E
P R I J B I S D M V X O F A L F Y M S V S Y S
A I Q O O K A K I C R R C S X Y S F E B E Y R
Q V F B R I K N A N K G N I L L I H C E S C A
O E V V A H D C E T E W B U D K L K X X T H L
Q N X K H A L R K H E W G I U Z W B K U Y Q A
F H P X L W S W E O U S P O B R I G H T U S M
T Z U N S W E R V I N G U G R O E N Z V W B C
```

SNOWFORTS	INSULATED	DEBORAH
LESSONS	ICESKATING	TRANQUIL
CHILLING	DRIVEN	SKATES
RACE	RESORTS	FAME
TEAMWORK	HIKING	SHAUN
PURPOSE	CORNERS	RIDGES
BRIGHT	UNSWERVING	SUNGLASSES
SVINDAL	TIPS	CONTESTANTS

X C D N U O B W O N S R Z G R L G E X N A G W
S R B C O G V M G E A R N U C N D C C Q N N H
C A W R E I T B A L N V T M H M U A Y D E I O
V C Y T C L B D U F C I H M I B S R D I G D Z
P E U A J E E P E E A W L A S C R G G V A N Z
I S R I O L O B Z G P K Z E O H E U N P R I Q
P Q T W I P E N R M L U Y T U J V B A E E B Z
K Z H E I Z J K O I I S Z S L L J A V R V L W
G N I D N U O T S A T A J N E F B C M S E L X
K Q M W G N Q P L N J Y A D G I W M N I B E T
G F A C H I E V E M E N T S E B K D E S T P H
E D L P Y F R E E S T Y L E N Y H A H T O S R
W I Y N M O R V D C W Y S H D M A O A E H R I
N D M H I G H L I G H T E D S X Z S N W K W R
N G L A J L Q P R P D S E G N A R Q K T N Q I
T F Q K J D I D R Y C N E T S I S N O C E V N
S C K Y L V C Z I G Z A G I X B C Z I F M D G
R M H P O W E R F U L G D E V G N I C N A D Q

SNOWBOUND	ADELIE	HIGHLIGHTED
GRACE	HOTBEVERAGE	ZIGZAG
ACHIEVEMENTS	PERSISTENT	STEAMMUG
RANGES	POPULAR	CELEBRITY
BLUELINE	LEGENDS	RACES
SPELLBINDING	FREESTYLE	POWERFUL
ASTOUNDING	CONSISTENCY	DANCING
JAMIE	THRIVING	HOSTED

Puzzle # 17

```
E N B T X G D E H C T E O E T A R U C C A U N
H R V L T G A S C D W N U D T I A K R L Z E T
D R I B W O R A S E O R E H W M W R X R X V T
E B D T N U S E W M F T Q T D J G Q D J C H C
I A J H T S X C D V A C M K G F N A U U W U E
R I V M E A Y O R N B Q U Q R M I Y P N O Y C
A T Y R X M R Y I H U E U O N K K U A S X U A
V B O K Y C Q D L M X R S K Y H N M M N H M S
X L S K E S R B E P X T P H M C I U Q Y J I B
E D Y Y D O P A E T E F O E M X R M D Q D A G
G E B A O Z H C T D Q H P R A Q D R N E E V M
M N Q C Q N V K A C P P M Z E K A W T G M I F
M I I S C E I W M D E T C U R T S N I V A H M
U B Z K C S J A I I L Y U H I T Y W J R F N K
Q M P A A V L R L X A G M O D V C A D E N C E
C O Q D Q O J D C D T V N A D A P T A W F D O
F C C M N K S J C E C I T S L O S D A P T S F
G Q J C B L X F A P W D D C O S Q W N O K M M
```

SOLSTICE	CASSEROLE	ETCHED
BACKWARD	DRINKING	PEAKS
HYDRATION	INSTRUCTED	FROSTED
AYUMU	HEROES	COORDINATED
SOAKING	COMBINED	ARDUOUS
ADAPT	BAIT	ATTIRE
ACCURATE	VARIED	ROD
ACCLIMATE	CADENCE	FAMED

Q J K M W C Z U N X L L C M J T Y K H X Y I Y
I L O S V E C N A R U D N E E R N G E B F H T
U A U T A S P P V F V J G S L R M N F G C O A
E D T E C M S O N H K B B A B L M I P L R X E
F R D E H O S M J F Y B J U A M R N D Z E R Q
I S O R U T E J L A L G B N Z B E E F L H S P
L U O I E I N Q O M S D E D I C A T E D O K T
D O R N H V R F B I U D Y P N O Z S E S X B S
L I E G C A E J A L O N Q W G J I I T L G R L
I G Z F N T D O R I L E X Q O Z M L G A U T E
W I K V A I L G R A U C B Y C Y A G E C B U E
L T E S L O I J I R C S M A E T Z S Y I S N H
E S I X A N W J E W I A E H R X L I S O Q A W
S E Y O V E D E R E T N U O C N D P I Y E Q J
I R D O A D Y K S H E R K L N G W P R O P X M
H P D D K E W G O I M Q J H A D N I E G A T F
C I Z P Y W K M B F U V K E S C K N B C K A O
H K U U Y S S U R V E Y S O D H N G X E M M Q

AVALANCHE	STEERING	ENDURANCE
ASCEND	GLISTENING	GEYSIRE
OUTDOOR	RECOGNIZABLE	WILDERNESS
CHISEL	DEDICATED	METICULOUSLY
SIPPING	SWEDEN	TEAMS
SURVEYS	AXEL	WILDLIFE
PRESTIGIOUS	WHEELS	BARRIERS
MOTIVATION	FAMILIAR	COUNTERED

Puzzle # 19

```
F P I N S D Q I I C Y P A T H W A Y S T R M S
Y L R F N E Q C K W A L F X Y E V A W H J U R
X Q X S O N B E X U E S O R J G P Y C G V M W
X R L M L I I M V H S U O R E G N A D I D H T
G L N M E F W H Ü I N Z P C A T Q H C N E A V
J V E Q H E Z B H Z R C Z S O Z L A D D T S G
K I L L C R Z I Q J S H F L C V S B S L A T Q
S J A U E T S G Q V E C T I Q S D V H O L O L
G U J N I Y W U W J E T E A E T O H I C E N R
L D R K T J O N G R N Q C R E E V T V I E I U
E Q D F W J A I S E K Y O S E F G J W F G S F
K E Y Y A J Y F W U G L S S B V T A Q H L H I
C D N A B C P O K P E Y L I E L E H I O L I L
P S P I N S E R K J X U A W L V Y N P R K N V
W Y F X P K K M C D T S V S J B V E T F R G H
H U S A A S F E E R H G I M Q X S N H S J A X
E Y E L K R I D S U P E R S T A R S D D J M C
E N I N C R E D I B L E N A T U R A L C I O T
```

PINE	COLDNIGHT	SLOPES
SUPERSTARS	SPINS	SWISSRAILS
ECHELON	RIVALS	ICYPATHWAYS
CASSEROLE	DANGEROUS	REFINED
CARRIAGE	KNEES	SURFACE
ASTONISHING	SAASFEE	THRIVE
EVENTS	UNIFORMED	NATURAL
KITZBÜHEL	INCREDIBLE	ELATED

Puzzle # 20

```
E C R E I F C N P D P N Q E R E I G A S Q A N
S Y Y E R E P O R P S W O C E L E B R A T E D
L H T Z K N B E H X F H I M T E E B E L T U P
L T O I L O G T T N F A X N D R W D A D D A O
E L D D R C C L O P U I S X D M Z D E V G W O
B G U J T G Z A O F M W M D C B O B F L I T L
C L A R K A E B M B R S I Q O R R V Q D V F O
V A S C E N T T S N A X T H M R K E E A W G U
K A L A X G P Z N K E K X P O E Z A M B C C
Y F O S D G Y U M I J J P J E V T U K K E L N
G R A P H G N I R E V I H S T R K J C R E N T
K H E E R O T H O R G R E N I E V Q F M U R T
I C N N L G Z N X Z P Q P N T F Y Q S K C V S
N I G L O O P R O J E C T S I V M M N N M I S
R I V A L S V U T O Y H T R O W E S I A R P I
P G N I R E T L A F N U D K N T S T A K E S F
U H X M D E S T I N A T I O N S C C C V U F A
V L O K Y Z V P Z Y T T N A N I M R E T E D R
```

EARMUFFS	WINDBREAKERS	THORGREN
PROPER	SHIVERING	COMPETITION
UNFALTERING	INTEGRITY	IGLOOPROJECTS
ASCENT	FIERCE	SMOOTH
BELLS	CELEBRATED	RIVALS
STAKES	ASPEN	DESTINATIONS
PRAISEWORTHY	DETERMINANT	POOL
CLARK	FERVOR	MOVEMENT

V C F V C H X E T T E U O R I P V G Z E I N Q
J J K K R S D R Z J F E A J Q H U T H A Q C K
X G A O W J U V G F W I I R I V A L R I E S Q
M F O G A H A R D Y O D M C V Q H S Y E X H O
L G X H T H R I V I N G R P U S H E D V W N Y
I N F L U E N T I A L L E E K D T T A I W T W
E C S U P P O R T Z H B H A V P N U E T A A B
B L A D E S S L L I H C T E Y I E O B A E P C
R O Y U I O T J X C Z U O M R A D R B R E D S
C P R D U H I G Y A T R P E Q V R R G R S W P
C W E H V O M O Q R J P Y R I M A E I A Y N A
P T P R C H M A G R I U H G O A Y T W N H D N
R J P I I Y U L L O V H C E M M M N P E E F N
B Q I L V L S Q V T V T J N Z O J I P H Y Y I
H C L Y L N O X G N B Q W C R A W W C A D H N
M C S A H D C U E O H A L Y Y A J T J C G J G
D F K O E Q I U S S P V Z Z V Z E S F S C G O
C H I N S T R A P E Q E Z I L A T I V E R U F

HYPOTHERMIA	SUMMITS	INFLUENTIAL
CHILLS	PIROUETTE	SUPPORT
EMERGENCY	NARRATIVE	CARROT-NOSE
PERILOUS	HARDY	BLADES
REVITALIZE	GOAL	THRIVING
ARDENT	CHINSTRAP	SPANNING
PUSHED	HEATED	WINTERROUTES
ETCHED	RIVALRIES	SLIPPERY

Puzzle # 22

```
Y Q K C Z F R H U L Q T V T T I Y L S M O H E
I G N I B U T W O N S S L O P E F R M F U R G
R V R S I Z L X U O J O X N E N E E E F W M Y
A U U W D B A R R I E R S G X T H E C T Q T T
C L A A Y T X K W H V O X P I N E I Y A S O Q
E T A U B I N F L U E N T I A L G J H S R A M
B V P C B S P P Y Q D D W M G U G V A A F G M
D N G W N F P E T M S D E J J D I O H X Y I H
U O P P A R K L A N D F S T V A L D I S E R E
Y I Z S U T H U O A V K E J A C O G E I J M X
T T Y D M O G W Z N Y E L I W V X O G Q X H X
R A U L W W A Z M I C Y C A B U E H T Q Z U W
A I S Q C N M K M N U A I F I L E L N X W D L
I C H R G Y G N E Y Q R N A Z Q E A E P G Y T
L O E E Q P G D X T J O O A U V G M H I P S I
S S L Q Q O A N I K C R R X S E U L C Q C J M
C S L B E C V R L I V U H F B W M R W X A D T
L A S L A C I G A M W A C D F A V O R A B L E
```

PINE	SHELLS	HIPS
INFLUENTIAL	SNOWTUBING	SLOPE
ASSOCIATION	CHRONICLES	SNOWANGELS
VALDISERE	BEGAN	GRACE
BARRIERS	AURORA	MASTERY
ELEVATED	CLUES	PARKLAND
MAGICAL	CADENCE	TRAILS
RACE	TORAH	FAVORABLE

Puzzle # 23

```
T F G I E A S T R A T E G I C M E R I S Y E G
L I N T V N I N T E N S E J T E K N A L B I Q
H C I D I S U O R O G I R F E T A L O C O H C
W O R O T J J M R C T D W R A K K Y D E G G G
F S E X P T D I F T R E K K I N G D O H N W O
V J E U A U D O E C N Q C D O W T P U I I Y J
P F N D D K C J G C L F D F Y J F A D E R I N
X Q I G A J Y C N E T T I R W E R A S T E O Q
K R A L C U N W A V E R I N G N E U E Y U G S
N L T G N I D N I B L L E P S L I E F S Q R L
O L N H K N R A D Z Y H S S X J O R C W N H D
I F U G B Q I N N T Y K S H T R O N F M O Y E
T M O R B S V Q O N T W F P A I R E D F C N C
I F M F Z D E M W R X W U S S Q O W C N I L J
B U T R A C Z M H G W Z C J Q P R X J F X H Z
M G X E R V P D L W D A E Q D C I J B L V B S
A C G N W F W V M E A S Y F R E N N E M Q C V
L S L L A B W O N S Y N P D C I Y H S G P L N
```

MOUNTAINEERING	GEYSIRE	DRIVE
LEADING	TREKKING	NORWAY
AMBITION	PAIRED	SNOWBALLS
NORTHSKY	SHIFFRIN	REWRITTEN
CHOCOLATE	FANTASY	CLARK
INTENSE	SPINS	RIGOROUS
CONQUERING	STRATEGIC	BLANKET
UNWAVERING	SPELLBINDING	ADAPTIVE

S D U T Y T B Y U A D Z L H D X M D M Q Y X L
N J A Q G D S X S D O C X F T Y E K H R O J T
O K K S E I U H Z C A L S G P G W I J I E B N
W M Q T T B V J U P G D S K R X N A A W G X C
P W N O A N T A A F J L E E A P L E M O I R P
O W Q A R G G B E C I S E S O T R B R C X C R
W J Y S T B I P Z A S T L V U D E L I T A H D
D M L T S L J W R G O O B K N U P C C V S J E
E Y M V I Y O C Z F O W M A W L D A V U F W
R Z G T G E I E Q O R W I N T E R N I G H T S
I D I I O N O S A E S H Z X S W J G X I C L R
P E P C Z T E H Y C I T C A T X N K K H L I Q
S K B C P Z K A F V I C T O R Y W D I I F Y T
N H S E K K L Q R G W P E Z O X D L K M E D D
I V Y C O R N E R S J R U H G X L S S H Y H P
S D L E I F W O N S A F I D O I B K R I N P Q
R V L C N X C U H B B F O C N L N Y M S J S Z
H S S E L T R O F F E X Y G I O E V I R D Z L

FIR	WINTER-NIGHT	ANDRE
SEASON	SNOWFIELD	SCENICRAILS
CHILLING	DEGREE	CORNERS
TOAST	SKILLS	INSPIRED
ICICLES	LAYER	CAPABILITIES
SKATE	SNOWPOWDER	VICTORY
EFFORTLESS	TACTIC	ICEHOLE
DRIVE	STRENGTH	STRATEGY

Puzzle # 25

```
U L V S H J S R E M R O F R E P S Z Z V V F J
V M H N Q Z A T S B O T M N D E P D W R J X M
S T R E N G T H R U Y E L Y U A R A W F T V V
C O D K R M A W E M Z K G I S T N Y V V A S Z
T H V O S Y X H B G F C E D T M R G B Q B I B
N H L T E E B L M L L U F E E E X I E Z Z I N
E N D D I Z E A I K R B M M K D J C T R A U S
M P O Z R O J U L A X E L E N M R K M I O U P
E F O I O S A O C A U X T G A C X O D Y O U X
T Y T P T C B M D W C A F A L J W E C O E N S
I K J R S A T V L R L V R B D T M N E O X Y
C O G O E V R X O S K E A E F I B X T W R X N
X X X M G D X I C B A R D V R J H S J C H U M
E J K I V E M F P S K M D E A E Z J L Z Z O D
D E C N A L A B X S F G M B J S Q W X K X W C
O Q D E K O N J A S N A S T L L I H C D N I W
E E C N A R U D N E W I R O U X B U X I T U Z
W I N T E R G U I D E S J H P G A T Z H C H W
```

WINDCHILL	BALACLAVAS	PROMINENT
STORIES	WINTERGUIDES	RELAX
COLDCLIMBERS	RECORDED	HOTBEVERAGE
BUCKET	DANGEROUS	MERITED
AXEL	INSPIRATION	SAVVY
EXCITEMENT	TOKENS	ENDURANCE
NUTRITION	BALANCED	BLANKETS
KJETIL	STRENGTH	PERFORMERS

Puzzle # 26

```
H Y C R Y S T A L N A E G N E L L A H C O U Y
P Y R V C F A J S W Y W Q C O M B A T Z O J T
Y Q T E V M U G W A R M E R I A K S A L A N P
K B L Y D K E U Q O T I O T G W G M Z Z S S U
S Y W E O I T R O F F E W H X E N A K L S I H
H X E S W G E T M E P L Z X K T I D U R E V Z
T P C K K Q A N V P X O V U P U B H M F N S A
R A A I M C A R H O J P O P S O B N N T L W S
O O S M N J F D W C B I E L H R I Y A V E H O
N M I M O J A N C Q S M Z R G N J H W J W R R
S R E E I K N U F M R D M B T O D R A G E R A
S G B R T G T O K L W K S O C K S C A R V O I
F H Y G R N A B H M A E B A Q U F W Y B L J R
U K Q C E A S W K B O J W U O Y J Z X D V E Y
O K Q F X P Y O S B Z D E D I C A T E D Q F O
Y I R Q E A A N D S D G O F Z Y O P F V C T C
B U D W Z B P S U X A A T W Z L N C C S Y W Z
C B R Z F Q G G N I V R A C E C I Z M G X X C
```

TOQUE	COMBAT	ALASKA
SCHNEIDER	SNOWBOUND	AROSA
NORTHSKY	DEDICATED	CRYSTAL
JIBBING	YUKONROUTE	EXPERT
ICECARVING	POOL	FANTASY
SOCKS	COCOA	WELNESS
CHALLENGE	REGARD	MUGWARMER
SKIMMER	EFFORT	EXERTION

Puzzle # 27

```
N E F U R Z L A S T O U N D I N G I N A U C F
O U J Z S E S R O H N C D D D W C Y O T L X U
K K I V L U U N F A L T E R I N G C I D W T M
E H H I B Z L R I Y L E V R T X O J S C T B A
S M E T I C U L O U S L Y O L C T T S L O W S
I X S M R A K C I T S X O C N J N I I C X P M
N S E L D O O D W O N S F U U E C E M K L Q V
Z S Y T O X C C R K V S Y W V O K S K I I N G
D K J D Y P H J G G E O T R C E L D D A W H O
A P E G A T I R E H Q M E A P X Q T F Y V O O
P H Q S O L S T I C E F R C C W O J G K Y T Y
T B H R F P E L S D O A V N R T U E D A G S R
U F F P V O L R A Y S E J Q E V I E B W P P E
H G K D T C O L O N I E S G G N T C T Z W R K
X S O D M E I E X H I L A R A T I N G T D I O
G S Z G X S G G N I T A P I C I T R A P I N O
Y W Z J T P Y O W T V Q M Y J H U Y Z V G G R
Q B A S J Z I S J O G D G M X G R E E N S S H
```

SOLSTICE	NISEKO	COLONIES
LOWS	SKIING	HOTSPRINGS
MISSION	HERITAGE	SNOWDOODLES
CHISEL	EXHILARATING	ASTOUNDING
COCOA	GREENS	MEDALISTS
METICULOUSLY	STICK-ARMS	WADDLE
UNFALTERING	FERVENT	HORSES
ROOKERY	PARTICIPATING	TACTIC

Puzzle # 28

```
R U R J J Y J W U H V S U U M A N E U V E R S
Y X E F B H C A S N O W S P R I N T S S W M V
P J D R H G F H N N A M R E H N R K S Z E A B
Q A W O O Q D I S C I P L I N E D T L M X X T
H T O S N O H L U F L L I K S N U A O X D L Q
F E P T W A D M F C I T S U R O N R K E N V E
A S W C R D R P H Q L T U T E O A E I L U X M
R I O F A S C R Y O C B C D I B T R I O O T Q
H U N V K E G M A V Q U I T L W O U N H B F T
E O S A S A C A C T O H P E S E D S T E W T F
X L K G A S V T D C I E X I I J Y A Z C O I U
E E G Z L O C N B V C V X D Z I U E O I N Z Z
O K A E A N Q X O X E P E I C O U R A N S T Q
F A W J F B I X E H T R B P S V B T O X B M H
U L D S M O O T H J H E S T B L E V W E L I M
H H Y D Z C I P M Y L O O E M R A B G H C B E
D E T N U O C E R S N K A B M T G Q G X S Q E
P D B C I T D K O D U C Y U E E M P E R O R D
```

FROST	LAKELOUISE	INNOVATE
DISCIPLINED	SNOWBOUND	SNOWPOWDER
HERMANN	SEASON	SNOWSPRINTS
ICEHOLE	SKILLFUL	ADVERSE
TREASURE	ALASKA	MEMORABLE
NARRATIVE	HIDEOUTS	EMPEROR
MANEUVERS	SMOOTH	RUSTIC
OLYMPIC	EXCEPTIONAL	RECOUNTED

Puzzle # 29

```
S B D A B I R W T Q L N D J V F R A D A K I J
L J U D I C I O U S A X O A E T Y J E Y U E K
E P Y D R E D O D P X Q Y H W N M P D Y Z X X
E T N D K F T O A X C H A L L E N G E P B Y B
H S T C O I G J V F G G D C D T X G E D T J B
W A B K F S S E L T N E L E R S N Z C M A B I
Q H F F O H U O M I K N E V Y I E F C H D C F
E M A X F I T T N R A T T U V S P Q U I E R Z
R Q R K N N W O A R N R S R C R F S S S O A T
O Y Z A Q G I M R Z R J A N R E S C K S I U H
L E W T M T N A W Q M C G S G P I A T L A H E
P O V B I E T X B U E M T T L P T Y E J F D R
X T B D T I G K H C Y X R W L I F F Q D R B M
E G N S V V N N I M P X S I N R F I E R C E A
B O E E P L M W I G P B N G I S S R J Q M S L
C E S I Y N C Q S P K E J E U P K T F X F Z S
P R O T E C T I V E S O N P L I N B O L Y U B
S U C C E S S F U L Y D R B U T S O A K I N G
```

FROSTYFRIEND	ICE-FISHING	FIERCE
PERSISTENT	ICECARVING	CHALLENGE
EXPLORE	PROTECTIVE	ICESKATINGJOY
RELENTLESS	TIPS	WHEELS
THERMALS	INGEMAR	CONDITIONING
JUDICIOUS	JAPAN	STENMARK
SUCCESSFUL	SUCCEEDED	SOAKING
MAX	DISCIPLINES	NARRATIVES

Puzzle # 30

```
M Z W T A O N D E P T H F I N D E R Q B E O B
V B I J B O F R S U C D A R V T B Y C O L D T
K E N M A K O Y I E S D K A J F S H B A E L N
P M D C L S A G C Y I R S E N I T U O R S G S
Y R B L A K Y E E D C N U S X V X C J D R X U
J P R I C L N R F A O N O P K L U R S I E X H
K U E M L I N E I E N N I M T Q T D M N V D L
N T A B A E A S S R D A S L I U N F L G A C J
J G K I V B Y I H S I M E E Y T N H P M R P A
C A E N A J A D I E T R D J T J S D M G T J F
K L R G S Q Y L N N I E B R I A K E R A H L G
V Y I A O H H A G I O H P D R L G O T A A O L
N J E M W B P V D L N S N O W A N G E L S S F
S D Z Q B D W M S E I G E T A R T S M Q W P F
A O C O C T O H U D N D T E L Z P C U I P Y R
K C M O I E O Y D I G T B C U A X E S R B O Z
V K S I Y E H Z J U R J Q U M P O Q I E L I Q
F R E E Z E B K S G C T E N D E A V O R Q Y R
```

TUNDRA	BALACLAVAS	PURSUE
TRIUMPHS	CLIMBING	VALDISERE
ENDEAVOR	CONDITIONING	SNOWANGELS
ICE-FISHING	TRAVERSE	GUIDELINES
HOTCOCOA	DEPTHFINDER	CLIMB
ROUTINES	WINDBREAKER	GATES
HERMANN	TESTIMONIES	STRATEGIES
FREEZE	BOARDING	READY

Puzzle # 31

X B Y R N I J R R P R W U F K A G Z U J L I I
L J A N K N N I Q G H J D E G R E E S T A Z G
H F W V P T B D H E S C L U S R A C E L B A C
A W R E W E D D E T K B Q G A G U H L E N H J
R E O T W G C L I T V R U Z C V Q X P X N R I
X O N E L R S E M R E F E A T U R E I C G T G
F S N R Z I T S M A S K H R Q O G I R I M E F
S L I A R T B E R P K S C T J E Y W T T E T B
U V R N K Y S T N E L A T I H K Q X P E S I R
B N M S T N E M T I M M O C R C C M I M R G X
D C I O C G G P C B Q U N A T C I Q U E E P G
Q M N Q Z F D P K W W A O A R T W P M N V B M
W F V U U I R U O C L I I Z T A D O P T I O A
G X V L F E W G R A Z M D E N F T J N R D P S
K E N I P U S M V E T N N G X I L Z H S P N W
X X X V Q H G A I O U S L U P T A F G E O G J
E L L W M X V V K C Q E P S H Q G P Y W I U E
W W Z B D V Q S D N S N A G E B H S Y E P C D

AVALANCHE	FUN	CABLECARS
EXCITEMENT	SNOWY	RAILS
TIPS	DIVERSE	SNOWCRICKET
NORWAY	TALENTS	DEGREE
TRIPLES	ANGLES	SUPINE
INTEGRITY	MITTENS	BEGAN
COMMITMENT	UNIQUE	RIDDLES
VETERANS	FEATURE	WHEELS

Puzzle # 32

```
L C O N T E S T A N T S B S L A Z D N M U X E
R S T A E F Y T S O R F E Z M F E E O A N K G
Y K R E F I N E D B M I H M J R T G I M R G D
S S E M O C T U O W N V Y K R E N G T M D E X
W U F B Y U J E I O K L F S H E I U N O I C C
U Q B H U T V C M B J A T P O Z V R E T R K G
S S E N R A H I J B Q W O L R E J S V H Z O I
U P Y Z P M T P H O S M D S P O C A N J Z X L
Q P M M U S T R O F F E U M X G F S I G R L Y
B S L A E Y X C T R O P S E L Z Z I W T M W E
G H Y T C E L B A T C I D E R P N U C X D T Y
P N L L H J Z Y V W A D N R F R F X B W I G O B
W R C L X K C O M R J F A V X J D H C S E G Z
R R T O X I U O V R E C G F K S J B W H N N B
O A T X Q Q E F E S E N N X P R E D A T O R T
U I Q G X K D C P D E Q I I T H G I N D I M P
W F D V D O H I G A P Q S Y Y Y U D Y T P J H T
M W U L M R H T E I L F E R A P E R P L W R M
```

TWIZZLE	HIPS	PREPARE
REFINED	SPORT	ICY
HARNESS	TESTIMONIES	MAMMOTH
FREEZE	INVENTION	UNPREDICTABLE
SOAK	RUGGED	OUTCOMES
EFFORTS	PREDATOR	VRENI
PROFICIENT	CONTESTANTS	MIDNIGHT
FROSTYFEATS	FACED	CAMPS

V S T A M I N A H P M U I R T B R W L G X E S
X H Z P Z R E V U E N A M S E L B O Y H C T H
A R C O L O R S B Q N V T G F M D N B C R C R
X N B W H D W N E M B E U A X G J H D T Y E U
K S N U G P G O T B W Y M L E T X M H B T E L
G G M D E N R W P P S M V J W F K D I E N H H
H G R T I V E K S J R I L K P O N M Y D E V W
N M E R A Q M I R W A T R A G A O A Q G J P I
U S D O T L M T E W E T Y L L C M M S T D Z A
G P W P W F A I I R J E N N U R M B Q O K H P
H A O S O U L N K B F N I A Z F R I E P R I R
Y R P G C J K G S O X F T A Q U K T I S Y W W
U K W N R H S L E S I H C D A S H I E L D S P
O L O I W E L N E S S Q W I K N C O A U O R N
J I N D S O N O I T U A C S H Y S N R G Z N E
M N S I C I E E O J B Q S C H F B D J Q A V F
S G U L P S T A E R G E H B J J K J J P D R W
I F Y G V F A M E D E T A N R E B I H G E P X

MITTEN	MANEUVER	FINLAND
TRIUMPH	SPARKLING	LODGE
CHISELS	STAMINA	HIBERNATE
SNUG	CAUTION	GREATS
GLIDINGSPORT	SNOWPOWDER	STEW
SKIERS	SNOWKITING	WELNESS
AMBITION	TOPS	SHIELDS
COLORS	KLAMMER	FAMED

Puzzle # 34

```
Q P H N G N V J A F D H L R N D X D S E A R H
J N S H R O E N F V E R S F P B D X S P Y O Z
O D L I E S N B I D E L W F E U B A W S E B E
X P A L D R H B D G Z A A E H A O F O I T E O
O X I L I E O A I M Q Y F C H H A A D A C N D
S N T S E A N O W E F R I D D L E S A C I O R
N W N I N P N P X C H A M P I O N S H I D R N
W B E D H S D E N A R R A T I V E S S T L D X
Q X S E C L C G E T A U Q E D A M C R C A I D
A R S H S U R C M A R G I N A L L Y A R R C Z
V R E Z T A B S I P P I N G P N A J L A E R D
L G N I K A E R B H T A P R W B A Z O T N A X
Z U O X C N E R W I N T E R I Z E D P N I I K
P N U Q I P J M F Y Q S P N B X D N U A M L L
Q W H T T A J K B E O D H T A P T O O F R S M
U Z U V E G K G L L Z D O D F U H O Z B U M Z
L O L I J R O K V F N E J S U R F A C E O L W
R P S W Q S G E I M M I R O I R E P U S E O G
```

WINTERIZED	ANTARCTICA	PAERSON
ROUTINES	SIPPING	NORDICRAILS
CHAMPIONS	PATH-BREAKING	RIDDLES
FOOTPATH	SUPERIOR	EXECUTION
HILLSIDE	SPEED	SURFACE
MARGINALLY	MINERAL	RESOLVE
ESSENTIALS	ADEQUATE	POLARSHADOWS
SCHNEIDER	REGIONS	NARRATIVES

Puzzle # 35

```
B W C D I E M S N H A B L E D O R J N N V P W
V G M Z F P T P T X S W D K B F R Y Z Z F C I
I I L B A E A J Z N I R E D W O P W O N S B F
B B W C G L C A N D N D O S U I J A Y S G Z V
K O E R N C E P A E T M N L M X R O V R E F A
X D A E G O C U C T E J Q L Q C J F U P Y L M
W T Q I Z M N Y H T N F I I M J T J D D N A S
L O I Y G B E E I I S A Z R P Y I A Y T J N S
W I B A F A S G E M E I L D B Q Z E O N P T O
N E T E N T E K V M S R E R U T N E V D A E L
S E S W F Q R G E O D Y D E C I O J E R E R D
S L Y I Q Z F P U M C W T V L Z W Y H H G A N E
F Z E Q C A E R E E X A R L B M K U U L O Y N
L C N D M E J C N S P L K G N F J L V L L L F
S R W N G I R Q T X M E S R T O R X D L K L C
K W N U K I V P S S Y I P O K N M V I C G E G
J V N G C Y N O P V U P D X N C C K D Z Y K Y
L H V Y F S B G I N T E R N A T I O N A L N Z
```

RODELBAHN	GATES	LUGE
FERVOR	COMBAT	KILLY
COMMITTED	REJOICED	TARGETS
SLEDGING	PRECISE	DRILLS
LANTERN	FAIRYTALE	INTERNATIONAL
INTENSE	SOLDEN	KELLY
ADVENTURERS	EFFECTS	SNOWPOWDER
ACHIEVEMENTS	PRESENCE	PACED

Puzzle # 36

```
G W R I L N I X V H L T X Z E S P E A G I E E
A D V E N T U R E I R B A H K T J L V O D L H
V B Z O A K W P T B P O Y C Y H V T P V M B S
A T F H S A Y E T G S V P B T G A S R E A A T
F P X A O A J R Q R L J I V W I B U O R Y T N
P A C K J K F F B N O F B D C L C H F N I O I
E L T S A C W O N S P P J D Y Z K S E I W N R
C O M M E M O R A T E D S V A R X K S N U E P
S V O A K W M M V Z A Q S G T F R U S G Z S S
N R J M V X M E R B C F K V N M S L I A R T W
O E C B P I E D A Z P G N I T I K W O N S A O
I K M I D J S T D C P I C I Y D D Q N K S B N
T H P T X D T R E Q C W A Y C U E I A M E L S
I L Q I I U R I G Y B U J P F C K T L M N I A
D F P O J J O C G D L V R R N X H Y S G Y S M
N D B U N P N K U A Z X Z A Z H K W H E V H M
O F E S K P G S R P R L O S T Q A J U C T E L
C N Z C X L E P A D J U S T M E N T S U L D O
```

GLIDINGSPORT	TRICKS	KJETIL
ESTABLISHED	SNOWKITING	LIGHTS
NOTABLE	COMMEMORATED	SNOWCASTLE
PROFESSIONAL	STRONG	CONDITIONS
SNOWSPRINTS	GOVERNING	TESTED
ACCURATE	TRAILS	HUSTLE
TACTICS	ADJUSTMENTS	ADVENTURE
RUGGED	AMBITIOUS	PERFORMED

Puzzle # 37

```
D F A D V E N T U R E R S P B Z G E Z E I T W
P I J C V S N U Y Z V P C W E I V W O N S X N
R U K O U K K I Q J I Z B C E V I T P A D A M
O L V M M S K W K Q S U S I S E X E L F E R Q
F Q T M C S Q U V L S Z A G I B H O L U P V C
E R J E V U X H W J E D X E A B O D L F M D H
S V D M U O N A H S R R N T W N N A C A L S A
S D N O T F N I D Y G B V A U C V I S T I R M
I W A R S U Q N F S G H I R L I T N F T G A P
O D R A U K M H H O A W D T T R V W K I F C I
N L R T F D O V I X R P C S K S E A M R K E O
A L A E E N P X R B D M E F F I Y D Y E N L N
L B T D O J O P A Y Q F E G M I D L N M Q B S
S U I R U S F I N V E T S D J G X Z C O S A H
Q F V W M H Q C O L D C L I M B E R S T W C I
O B E M M B T A C G N I B M I L C R O P E S P
I T P E R S E V E R A N C E D E D N A M E D S
C G H S L I A R C I N E C S I N Z Z C T T I A
```

CLIMBING	VONN	COLDCLIMBERS
DEMANDED	SNOWVIEW	WONDERLANDS
ROPES	UNIFORMED	SCENICRAILS
CABLECARS	CHAMPIONSHIPS	STRATEGIC
FESTIVAL	HIRANO	COMMEMORATED
AGGRESSIVE	REFLEXES	PROFESSIONALS
ADVENTURERS	ADAPTIVE	PERSEVERANCE
ATTIRE	NARRATIVE	HONOR

H S D E R E B M E M E R Y O O S V C G Y F N A
A G R S W E Q U I P M E N T T E K T Q A N H U
T U J D G W K O X L O T U S N G N E E Z B A U
E N I L L A T S Y R C G X G T N G C V G D B I
C O M M E N D A B L E N I Z S E Z U X F F L T
A R O R U A F S W K N I Q C P L A S X Y L E N
I P H E N O M E N O N G G F P L Q M Z S A D R
X M O S H I A T C F X R S O Z A X H M T G O E
Z L D L Q G G D M R K E X I U H B C K U C R T
Z B Z E S S F X K E W M R L E C I L F X G D N
Y Y A E S R A N F D D E Z I L A T R O M M I A
N E J H F U E L Q J W A X K R Y A C M H Q P L
T Y N W X U A W P N C B L G Z V U Y T E G Z H
T F N R W G R L O O Q P J I J I A A E R S K J
S H I N U A D N P L L A S T S R U B D O C G J
Q W L H D O Q L A P L K E M F T F B Y I I O F
E B B B S H J K L C A O G M S Y S E H S N T E
H H Y E U Q I N H C E T F M Y F J O U M N X D

RODELBAHN	PHENOMENON	MEDALISTS
REMEMBERED	FURNACE	ICE
BURSTS	APPLAUSE	STEAMMUG
JOURNEY	IMMORTALIZED	FOLLOWERS
LANTERN	CRYSTALLINE	COMMENDABLE
EMERGING	EQUIPMENT	TECHNIQUE
CHALLENGES	WHEELS	AURORA
FLAG	HEROISM	SHIFT

Puzzle # 39

```
M F O R O G V B A F C G K E Q X M G X S Z M B
T R J B H I M P A C T F U L Z S M H T N M H T
G D E U S R U P G P B R H R E E D A L O C C A
C E S C S E M A G R E T N I W T P L C I O Q Y
R E U Q I N U L M X A U H N Y W J C O T X I U
S K A T I N G C L P J N D U F Q V I L I H U R
X Q N R Y N K G R J N D E T D N P T E D I U E
H O N O R E D E G Z H A T C C V H C S E P F C
W X H Z G C T Y I E A U H F R X X A I P U Q O
W O I W N N S U J L B N G S Q O L T H X M C G
C E K E I E H K F Y L T I G T M D C C E P N N
O G I W X D G O O T E E L S M U M I H L Q U I
O Z N F A I I N E S D D H P M V O I D X S U Z
K Y G W L F H R J E O N G R I F L E B I Q R A
I M F P E N E O R E R J I C D J G K D T E V B
E P F H R O N U S R I X H J T H R Q X I A R L
S B E H W C J T A F D M Z P L V M G T J H N E
N D N Y L A R E S S T H S Y Y N U I A Z C K B
```

RODELBAHN	CHISEL	HONORED
RECOGNIZABLE	EXPEDITIONS	YUKONROUTE
RELAXING	UNDAUNTED	WINTERGAMES
COOKIES	HIGHLIGHTED	ACCOLADE
HIDEOUTS	PURSUE	SKATING
UNIQUE	WINTERPATH	HIKING
HIGHS	CONFIDENCE	FREESTYLE
DIDIER	IMPACTFUL	TACTIC

T S C F S C X W R Q I K S K T H E N J B P D Q
D R G V S T B G E R A R D Q T X A D F T G T S
D M K Y D U V F I P V W B A R R H E U A E K U
G K W C N T L H K M X J P E B E E T A M I L C
W S L A E H F A M E W Y L U F T C A P M I D O
Q R C G I E P G J V W A H U F D L E S X W X F
Q W U E R R X V V O B Y X M B G R L Z U D P V
D N C L F M X U N A A A K A P A H D R T R Y G
E G F W R A Y S C I U Q E S T U E I E A P E L
T U R N S L R P U I Q P I U H D J U N Z L E V
V T W K V E M R R D O U R B R E T H D Y B O W
V S M S G T C G L S L E V O R Z S L U I Q X S
K H J U R A D X I B S Y C Z D N O F R N N L O
I Q A L M E Q I N G T E P B L P D E E M Y R X
X Q X K T H I B G U R W T I G O M A F X J D Q
B Z E F G C A K Q L V Q J V Q O X I Q W O D B
O R I Q X A A F S O W F A C I N G O F Z W X R
T G Q O W S T A R D O M U D E T C E P S E R W

THERMAL	SNOWY-PATH	GERARD
SKIERS	CURLING	TURNS
TEMPERATURES	FAME	TREASURE
FOCUS	ENDURE	RECORDED
MERIBEL	LEGACY	SKI
RESPECTED	AUGER	STARDOM
CLIMATE	FRIENDS	SOLAR
GIFTED	IMPACTFUL	FACING

Puzzle # 41

```
F S N O I T I D N O C E M Y R R D S A N E R A
R S O A U A E O N I O J C A L E E W Z B D V U
R F O Z I T S J F I N D Z I T I X D N V H N K
Z H K I U F H B R O O M B A L L E E M V J Z C
G C I P S P A C C W A E E L D P R D S C R O C
J S E E V K K T S X L P B S N T C I W M M C H
G R N G W J S V W O E A F C K U I C W P D O A
L L H O C S S V H R S T R I D E S A E E I N M
I X I G W N S N O W F I E L D U E T C W T Q P
D L Y D N B O O P F K T P U W X I I F R D U I
B K Q N I S O T O P N O T C H T O O H K L E O
V J A S K N Y A K O O A I O O J V N B E S R N
O H P C W E G R R R B N M R E X V Y C C R I S
U F A C E I L S O D T Q S R P N V H F R V N S
G J G A V M D W P T E M O S E N T E N C E G M
S K A T I N G W F O S R W I L E T I X U V G K
N Q Z X S B A Z Z G R I S U G Q U D P O Y S O
R W O L G Y S O C M F T H W G N I R U D N E I
```

SNOWFIELD	CAPS	HISTORY
CONQUERING	GLIDINGSPORT	DEDICATION
ARENAS	REPEATED	COSYGLOW
CHAMPIONS	SNOWBOARDERS	SENTENCE
BROOMBALL	COMPETITORS	STRIDES
TOP-NOTCH	LECH	ENDURING
EXERCISE	REJOICED	JACKSONHOLE
SKATING	CONDITIONS	REPUTED

```
D J B W U A X A V N F N F D K N M W Z B C U K
Q D T I W C S S A K D O P S Y G N I M I T C F
F X I G V G N I V I R H T G Y C N I U I A F Q
G V P P G I Z L D L E T U I D N V I J R O S P
K Q O E A T H D V Z D I T I M E D S R Q A B U
R N S L K R I D H Y H P G S N Z U B D I Y R T
D S I B Q G S P L T U U Z M R S K I V T P M K
S C T A Z Q T Q T I C P R B J D I Z B L W S S
D Y I R A X O I R V Q J P Y J N V F G S L R A
R R O O Q X R X I I W U U M J U Z D H B R L Q
A O N M H Y I P P T V J I S N O W P O W D E R
U T E E J C C U L C Q E N C A R M S P A M E O
G S D M A G A U E A K X R R K G N I K N I R D
N I A A L M L K S C H Y M W B S N X Q G S D I C
A H I X P F A C I L I T Y W I I E I W Z K W K
V Q R X I E L Y T S E E R F S E I S X D Z L E
V N M C K Q B T X T U A G Y I E R O S O J D L
M R O T S W O N S C N S S T N E M A N R U O T
```

SNOWSTORM	SNOWPOWDER	AIR
TOURNAMENTS	DRINKING	TIP-UP
VANGUARDS	GROUNDS	TRIPLES
ACTIVITY	MEMORABLE	THRIVING
QUICKNESS	MAPS	ASPIRING.
HISTORICAL	VERBIER	TIMED
HISTORY	POSITIONED	FREESTYLE
RAPID	FACILITY	TIMING

Puzzle # 43

```
E C N E S E R P R B D Z O S D S S C D G K D U
D E N O I T I S O P X S U G N D P I P R K J D
J O Q H T G T D E T U P S I D N U P Z U K J M
B E E Q C N G N I C N A D I C R Y M B T Q R J
F P K C C I J T P K J O B K K N K Y F A N S C
J J O F T H D E P T H F I N D E R L C I M N E
G P S L C S E D I S L L I H P X Z O Y O D O L
R I A S L I T U W N B A X S S S B U L C E N E
R G R K C F L Q O O C G X R P V T B P E I U B
E R Q C M W J V N W S C E L S I U S O B N N R
G I K J E T I L S S H M J N L N I W D O X K A
U T F V N I L X R T R B M G Q H K A I L X L T
L W U S Z I P Y I O D E L A V I R N U T S M I
A C M W N H X O F R B A C K W A R D M V O E O
T K M E Q O G R W M Z Y A M B I T I O N S M N
I A P X A T E F T H E R M O M E T E R L W F S
O P Z R E P E X E C U T E D E Z Z J D Z N M P
N I H L H N J T I C I V F M N P W T C M S P Z
```

SNOWSTORM	FISHING	PODIUM
CLUBS	CELSIUS	DANCING
UNDISPUTED	CELEBRATIONS	SNOW
OLYMPIC	FANS	UNRIVALED
HILLSIDE	REGULATION	AMBITIONS
BACKWARD	DEPTHFINDER	GRIT
POSITIONED	EXECUTED	THERMOMETER
KJETIL	PRESENCE	PERFORMERS

Puzzle # 44

```
F T H Z R P W S S L L E H S A K A K G Q P M R
B C X N Q W S Z S M K N J S X B T Z J B D R A
N S E L J I H K E B G Y E L E V A T E G E H S
K B I R G I T E N K P S L M O I X I H E S E T
J J C J H L O W O X L D J A X L G E H L C U A
R F L H C M R Q D G X N U T T S G E N A E S K
C S A G B X B Q J K I W G N P S B R T H N N E
K N O W L E D G E A B L E E A A Y I H A D O S
S E M A G R E T N I W L S M O D I R Q Z R I S
B E G G P S D E Z B C T N E X W E R C X Y T J
D R B J N W A V B Y G G O V P M Z L E P E A S
G G I E Q I Y A W R O N W O O H A T I D L V N
P E E K P U R Q M I U L P M K J F R C E L E U
J F U X E F C I A R P D O R D A J E D R A L A
E K U U P G H Q P R I K W K A C P W L S V E N
S D W K R B K A S S O G D M B K P A X S H F C
D H Z O L N D X D P N D E T U B P R Z R Z K E
X N T Z C Z U N C F W I R A L S D D V Y I L S
```

CRYSTAL	NORWAY	VALLEY
UPKEEP	WINTERGAMES	GREENS
ELEVATE	PAIRED	STRATEGIES
ADELIE	INSPIRING	REWARD
SHELLS	BIRGITEN	NUANCES
STAKES	SNOWPOWDER	MAPS
DESCEND	MOVEMENT	ROD
BROTHS	KNOWLEDGEABLE	ELEVATIONS

D G Q T N O M R F E X B T Q M V T L D E A T Y
K X A C P R E P A R A T I O N E B R R F Q R F
V D G U E G L P H O I F E D K Y X K O J V D L
K I F V M S E T A L O C O H C C L I D Q O Y G
J N U I O Z I F S S O S E P F T O W E R F R E
H D N O Y E B R K Y W V O U L V B M L Y T A Z
E H R A J Y U I Q R Q L A I C A L G B P I I M
K V D C P S E F T E D E M O O R G A A A C L E
Q T I C M R H C L P V S J N M A M S H H T I A
B S D T S E F G Y P S E A S O N E D N G B M D
Q N E V C P W S W I N T E R R O U T E S T A O
Z O D C S E F B B L W C G E F T G F N Y X F W
H W E B G N L W J S R J H R B N L T D K R M R
K V E K N G S F E R A P E R P A W Q D M L E J
M I C C I U V K E Y T Z D I G U O Y M A J R K
E E C N R I I T S R O L E X C E L L E N C E S
O W U J P N W V C G O E P L F H X F V Q P Z D
B X S Y S S Y J I C F G Y B U R S T S Y C K R

GLACIAL	SPRINGS	EXCELLENCE
SKIERS	RODELBAHN	PENGUIN
RISE	GROOMED	CHOCOLATE
COLD	BURSTS	FAMILIAR
COMBAT	WINTERROUTES	SEASONED
PREPARATION	SNOWVIEW	REFLECTIVE
PREPARE	SLIPPERY	MEADOW
FLAG	BEYOND	SUCCEEDED

Puzzle # 46

```
X K H B C Y X B P Y N M O V E M E N T G T M L
O E F F I C I E N T I N Y I C L I M A T I C Q
A L B E R T O Q Q N P O W E R F U L C T V L M
M X A F R I V Q S Z S V F O P M B I H F A H H
Z E R Q W S T P R S N K D L Z U K U I A G G Q
L Q Q L P A I A N K O H E F E S E L E D M U Q
A Y L O D R H I K Q I S H I U X T R V T V O A
Q D R E A J A U R O T A S P S E A D E Z W R D
P T F T F R Z X R R A Z I F N J V D M R M H V
O Y I M R K K Y E W G U L W U V O X E R P T E
Q O R E L P O P T L E X B Z O R N E N Q R K N
N L T C I S X N I G L Z A R R I N D T B E A T
Q E U R F E I I C C E U T I E H I I S G G E U
B H M U A Z P S U N D Z S U F M T M U T U R R
C I I L C O X A H N Q U E J Z C M N O W A B E
N M X W E J D B K T J Q G X U D S A G K L H P
G T R F D K H A N R Z P Q P F Q N W L I K J R
N O I T R E X E R P B Y Q C M J J K Y K R N H
```

SPORT	INNOVATE	DEFY
EFFICIENT	ADVENTURE	ALBERTO
TERRAINS	FACED	SNUG
PIRMIN	SKI	CLIMATIC
AUGER	KLAMMER	DELEGATIONS
FLEX	INSPIRATION	POWERFUL
EXPERTS	EXERTION	BREAKTHROUGH
ACHIEVEMENTS	ESTABLISHED	MOVEMENT

Puzzle # 47

```
D P U S M C C N S T U A R R E D Q J C A Y X O
T U D P G N I D L E I Y N U E G T E O E I P R
R S Y B Y N S E W H H D Z T M W H T Y Z L I M
O H T Z H I R S C H E R A H X O T Q I S Z F E
P I L S Y N J J D C B E P T G S G Q X A F F T
S N T Q T P H H I T P T E G N C K U I H B T I
G G F L F N N S D E J T C U I H P T L F W K C
N R E B M E M E R R R V N U T N B E D S W D U
I S X D Z E E T A V E L E D N E C S N A R T L
D H Z B C H A I R L I F T S A I V I W D N Y O
I C K D E L A V I R N U S N H D C P I E J W U
L W Z Z O C L J B P P O I F C E P C P C V O S
G N I K A T H T A E R B S P N R O E F M U N O
X G N I H S I N O T S A R W E A G D O B T S K
H Z V K R A M L L A H G E W D E U R E R P D S
K N P T T O L H U Y Y E P J E L Q G A G L D X
A E G G U V S Y R V X O B U K B A C H D G R S
H P J W I N T E R P A T H B R N K W S S N N G
```

SNOWY	BREATHTAKING	BEGAN
REPEATED	GLIDINGSPORT	PIE
CHAIRLIFTS	METICULOUS	WINTERPATH
UNYIELDING	ELEVATE	HALLMARK
ENCHANTING	PERSISTENCE	PUSHING
UNRIVALED	MOGULS	HIRSCHER
TRACK	ASTONISHING	BAIT
SCHNEIDER	TRANSCEND	REMEMBER

Puzzle # 48

```
L F N O I T A T U P E R R F G N J Z Y W N Q Z
A A J C C P U J I D E L F T O A X F D Z A F D
H S O Q D S K I I N G W D S E I V H Y E I V F
F Z P Q Q C I S O H X I F R K R S A B A Z Y G
Y L R I H I E V Z V H N S E J E T R G F M P R
O J I I R Z W P A C Y O N E O B E N H R C X E
X X L P O I C W E N M U I N J I E E Z I Y D A
Y L Y L S J N V I U T V K I F S R S K Z N V T
Y D E H S U P G T T N R H A H N I S T L J T S
P U U D F E A T U R E I H T B A N B O P R M S
P C Z F Z Q B E W T T I D N C R G R S M J S X
J U S M R A K C I T S C T U D T T L A B G O O
D E I A I I O G S G I E T O T N E F F O R T U
X W T D V P E C L Z S L G M O T N I L K L X H
I L Q K A J O N K W N A L C O S E I M K V T P
X Z M A L P N X D Q O N G H H A U S X O Q Y J
U C I L S I L X R S C D X Y C M W S P V N L K
H S S L A I T N E S S E X S P I R I T E D S T
```

CHILLY	ICELAND	ASPIRING.
REPUTATION	SKIING	TRANSIBERIAN
MOUNTAINEERS	CONSISTENT	STICK-ARMS
SPIRITED	HARNESS	RIVALS
HINTS	EFFORT	GREATS
FEATURE	STEERING	COZY
CONTROL	PUSHED	FLIPS
HOTELS	ESSENTIALS	FRIENDS

```
C G M K B T U Q R N A A Q H M R B D Y Q Z N T
L I E F W K H G U O R H T K A E R B S C G R R
X J T O I C B V E L B A K R A M E R H Y C I L
Y V I R Y O A S R U J E U H T F I V T B V W K
N L C W J M S D A H H T D O A R H Z A N R C V
P R U G I E G J L G N S I W E N W P P Q I A G
Z Z L B C D U S O I O U N V A C T U O K R O W
M O O C R I M V P H I E I O C H I L L X F J N
W U U U B C M D N G T T M K W O O S B I B A A
F S S O I I A N O Q A K C E I B A H Y V R X C
T S W O L N E S D L G C P M R M O C N R R B V
P H E N Z A T O I K I M A C R G P A A L T Y A
B K E U X L S Z I O V W S Z U E E T R B V G D
H Z C R O C E B R L A T P B F R I N P D E I M
X M D H M Q Y E C O N C E R F V L E C N I C F
V K D S W A N E D E W S N G E L K I T Y C N M
K C M G Z E L E O W R N O S A E S O N J V W G
K W Y F L Z W S X W O G X Q C X O M F G L C A
```

SNOWBOARDING	ASPEN	SUCCESS
EMERGENCY	STEAMMUG	MEDICINAL
BREAKTHROUGH	WORKOUT	CURLING
REVITALIZE	NAVIGATION	METICULOUS
PATHS	SWEDEN	REMARKABLE
HIGH	THERMALS	GENTOO
POLAR	SEASON	BIBS
CHILL	LOWS	NARRATIVES

```
E D I R Y R T N I W S U M G W R V O E X M R I
L V A N P S V Y B A T K U F O O N G R T J I C
H B R F E S N R U T N H I U B E A G E D J W C
K G N D R K W C J C E O D D L R U G S O S I L
L G V F F P R G O G M M O O V R S D I M I V I
A S E P O L S K V N A F P O O L S F D A N L N
Y E U P R Z V R L R N R E I C A L G L A V A X
C P Q G M E R A W W R K W Q R Q U G A W L C H
N I J Y E Y R E Y Q U E Y A E C A B V E S I M
E C Z R R G Q G C D O R W V Y N B R Q N E D N
T E N O S Z W G P X T T Y R A C M F O A X O I
S R T U T E Y N Q D E E Q R L K W W K A R H D
I A Q T U I H I S R A C E L B A C H N L R T B
S K F I B K C P Z U M F T J K R R W W X N E A
N M C N C M P M F V W Q L R A P A R R O T M W
O T P E G I N A W F O Y C F G P K C E G I S I
C T X S K U H C B I R O T P V Z G T Q I X M D
C C D Y R E K O O R K S C O M F O R T F O O D
```

CAMPINGGEAR	VALDISERE	AAMODT
TOURNAMENTS	SNOWCRAFTS	POOL
PODIUM	METHODICAL	COMFORTFOOD
ROOKERY	SLOPES	IN
RECIPES	TURNS	CABLECARS
ROUTINES	TEAMWORK	LAYER
PARROT	CONSISTENCY	WINTRYRIDE
TREK	GLACIER	PERFORMERS

Puzzle # 51

Z R Y K U W R A H I W C S I S T M Y I F Z Z H
J Z C V M E D A L I S T S T N Z C D E S D G Q
E T A G G L J M E Q F R E E S T Y L E N H N C
D K R X O L B A C K P A C K L E N U X E C E S
H Z R P H X O R E C O U N T E D U P V O P E Q
M D O Y N A E V P W A I M Z W W R Q C B N S T
F J T I H N C A E B Y A M H Y D R A T I O N J
U F N H O B N R S S I R M R H Z D B K X Y I X
U S O S L K A D X E W D R B C A J V I Z G R C
W O S O I V N Q T G U E H O P K A V B G M O I
I L E L D S I I J O S N I T W A L A I P G U J
N D R E A C M M W O C T H D N X K N W S E T W
J U R O Y T O A L J W G U M A F G Y P I A I F
Y L L I K F D V S U O I R O T C I V X B R N G
I Q Y A N M E F D E C N E D A C H S T A K E S
F K Y R Q K A R Q M V I S L E D D I N G D S H
L J Q L R E S U H S N V L N T N V H V G O A K
N J P X Y R T J O X R E D N I F H T P E D Z X

SLEDDING	SPEED	HOLIDAY
CADENCE	CARROT-NOSE	RESOLVE
QUESTS	RINK	GLOVES
BACKPACK	GEAR	ARDENT
FREESTYLE	KILLY	DOMINANCE
STAKES	DEPTHFINDER	MEDALISTS
HYDRATION	RECOUNTED	JIGGING
VICTORIOUS	ROUTINES	ADAPT

```
E G I F O O R P R E T A W P V B L N Y R L W E
T M R E P O R P L Y V Z O C H A I R L I F T S
T N X S K Z C B C B Y L E V I L G T U D O J S
E Y X T M Q A M S M Y M T U B C S C P N L L U
U A W U E K V B A N H N T H G M T L R V R K O
O J I M R N Y R W L O I A E B T O C I Q H G I
R A P A Q U A T G T N W X X K W E C G F G L T
I T M Y C R S C K P O T K P S N O N H T T H I
P E X R G A E V I T P A D A G X A C T A Y D B
R P U P A N U F C T P I U A R Y O L W K D A M
X F S O R E H E V T Y A D T P A A C B N E W A
F A D F O R E F R O N T E N Q Y T R E O T C Q
R Z O O G V J K E E L N T X S R E E V X I F U
E T H J P A A A N Z X A I Y C B S A W V R K L
I F T L L Q K V I I W I R C G D V T E A I E Q
A K E D L E N P Y O G X E I I D C I S Q P B H
M G M Y K L O K X A S S M Y W E E V T A S X L
I S E R U T N E V D A R E M E M B E R S K F X
```

SNOWKARATE	TENACITY	AMBITIOUS
MERITED	PIROUETTE	HERO
ADVENTURES	PROPER	WATERPROOF
SPIRITED	REMARKABLE	LIVELY
BLANKET	MAIER	LOWS
EDGY	CREATIVE	VRENI
METHODS	ADAPTIVE	UPRIGHT
CHAIRLIFTS	FOREFRONT	REMEMBER

Puzzle # 53

```
A C C O L A D E S S S Q M X K N N K A T P E L
D E T U P E R B N N X C U E V T N D A U X C A
R C D S M I L E O O I K R K X R B I H O X H N
E X K A Z C N V W Q V L A U D E D X D S E G
M Z W B D T B M G Y H J H T A P Y W O N S L F
Q C E N J A L P P F U W R Q W D D T V U N O V
M I K G R K X U Y R F R E E Z E G V N A F N O
L H W R N E O J W I X Z M E G D G N P A V D T
X H I Y Y S K V R E P U T A T I O N I B H V J
R E G P O L K F K N J U I Y U Y X N J K H S B
R G Z V B U B C X D Q M X B L J Z E Q K I S X
S V G R A C E X W C I T A M I L C F B U T H V
D I B P E A K N O I T A G I V A N L A R O Z O
J W L A M R E H T F U M J M P X M T E W O U T
S O L V E D G D E T O V E D C L O N F I D P A
A G Y O N E T T I R W E R O B W G M M U Q I L
I G L O O B U I L D I N G Q K T J J H Y T I Y
G J O U I O Z T F G G E U G H K Y A W P G K T
```

THERMAL	SHANTY	NAVIGATION
LAUDED	IGLOO-BUILDING	SNOWY-PATH
ACCOLADES	DEVOTED	SMILE
SOUP	ECHELON	CLIMATIC
SNOWYFRIEND	FREEZE	STRENGTH
REWRITTEN	SNOWBARRIER	PEAK
REPUTATION	SOLVED	SOAK
HIKING	GRACE	REPUTED

Puzzle # 54

E E V E N T L V M B E W B F V R C Z P Z U S H
N S S P K C G W E Y K G E Y S I R E D H B E C
N E M E D Z W P O S I T I O N E D E N U X I E
A R B R E A T H T A K I N G K N F S G V Y N G
E E H S W R E M R A W G U M S E E U I O Q S W
G N L E I G N I E O H S W O N S T D R O O P N
K E D V N U W U E C S V K D J S T D Y D M I A
X G S W T J V E U R H K E V K G R O L K X R S
Y Y N D E S K V Q E C D S T S E T N O C L A I
S T O N R A X I S A U K Q V M Y M I K C Z T T
T H P F Y U F T E T T F Z A K P D E J Z O I L
S E M Z U A C P R I F T J P P J J X N Q A O E
I R A P T U S A U V M L R R X T K N U K B N B
N M R S C J W D T E A R D U O U S E N U Y R B
I A C H M T J A C Q D Q L W V S Z W U W K R Y
P L E I U B B Q I S E I T I L A N O I T A N S
L I H O X Z M K P T G N I D L I U B O O L G I
A B N O H Z D V N B M X O V L F G V Z E O M E

TOQUE	GEYSIRE	CRAMPONS
NATIONALITIES	THERMAL	BREATHTAKING
CUCHE	ARDUOUS	SNOWSHOEING
EVENT	PICTURESQUE	POSITIONED
IGLOO-BUILDING	CREATIVE	KIM
DEFENDED	MUGWARMER	INSPIRATION
ALPINISTS	EDGY	SERENE
WINTERY	CONTESTS	ADAPTIVE

A P Y E L L O V W O N S A W S T S I L A D E M
E M S B B I P S L J E K Z X I G O L O D U S P
X D B S L A R E N I M X B W J R I V A L S W C
P H B I E A I W G W X N C A S R E I C A L G L
O Y B M T N Y J A N D W C E N W Z H N P L S M
S A W X U I R E E G I K Q K P D E N I B M O C
U B A O S B O E L S E D M M Q T W J O Q X A I
R M I F H U M N D T S K O K W R I Q U X G N P
E S P M P D M L S L H E B D V V D O M F S X D
V B L A U R E L A W I N D P R O O F N U W X J
D D Q O B M S P J G R W Y E I W W T L A A Q E
L P P S H K L T R F B F O V R D L A A V L U A
X G R I N L P L N R B O G P Z H T A G M Q O T
N K J E P S B N D A R V G U B E W W A I C W T
W H I T E N E S S C Y D B O D E D V N O W K E
K H I S T O R Y B S Y O P S F J X U C P M S R
Z H Z H I G L O O B U I L D I N G X Q H A S J
Z K G S K N I R D T O H H J W I N D C H I L L

SCARF	COCOA	GLACIERS
EXCEPTIONAL	WINDCHILL	JACKETS
WINDPROOF	COMBINED	WHITENESS
INSULATED	MEDALISTS	HISTORY
IGLOO-BUILDING	MINERAL	LAUREL
AMBITIONS	WILDERNESS	SOUP
MAX	RIVALS	SNOWVOLLEY
HOTDRINKS	EXPOSURE	UNIQUE

Puzzle # 56

```
S S J H O S N O W C R A F T H E N Q M F D R G
D E A R Y G O D E N R A E L D C Z V B W O F F
A P C J M R E M O T E A C S E L G N A U N S Y
N H H A W Q O V T I B E A N I E S X T K M P L
C M Q N R B A G U W J G I U D K H I E I N E E
I Q M B V R J N S S I U A P J S N W Y E A C C
N K X Q I S Q I M L F Z N U L E V I B S X T E
G R F E S D Y K J T E A Z B H O R R L A D A E
J Y D K I C H A K W F D U L O N V I C S Q T I
N K T T O I S T S I S M T A E V A I Q B A O F
Z B R E N K L H N L S H T O R B M K G T H R S
W R A P A C A T O I X Y T I C A N E T J Q S B
H X N C R I L A W G W F K H G A B O S N O H U
E S S G I D C E H H E Z A T K V V D X U A D Z
Z A C T E B Z R I T V Y P R H A Z M G R D E E
B I E W S E C B K N Y D A Y B I P B O B N M D
C P N E R U S A E M R P T M V I T T Q W C E M
U W D R Q C P Y S M A E R C D E P P I H W Y W
```

PARKA	SLED	TENACITY
FIERCELY	SNOWCRAFT	DANCING
TWILIGHT	SPECTATORS	WHIPPEDCREAM
BREATHTAKING	TORAH	MEASURE
TWIZZLE	SNOW-HIKES	RACES
LEARNED	REMOTE	BROTHS
VISIONARIES	ROUTINE	BEANIES
ANGLES	TRANSCEND	VARIED

M C P I N F L U E N T I A L E D S X M I O G M
M I E O S M R A K C I T S F D M K T R E P X E
K O M S N O W P A R K N S O I L C M R V Y L G
L Y K Y Y O F F C P D E J O R X O W K C P Q S
D E D I C A T I O N U D A T Y P M I E F O C K
N K V H R R Q A K Q D H N P R O M Y D Y L X G
D E R I M D A E I P R A D A T J A S L O P E S
S B F G H Q D N U E K V R T N D H S V G I T M
R N H V A Z H I B T A R E H I X H Z K N E T B
N G O B U C S L E D G I N G W C L K Z K X P R
Y R W W E S V K D E E T A L O C O H C T O H O
O A U T D Z M I G U I D E L I N E S U W Z I J T
S S D M H O Z G M F A I J F T M B G B H G H H
X P K A L I O X P N S O R I G I N A L S L F S
X E E X N R B D Y Y D Z R P E R F E C T O C T
W D K M F J R I L S E A Y O I H V O R M O N U
A C D L R C L H C E E H G N I R E T L A F N U
G H H O Y L P R A I S E W O R T H Y K D A J M

IGLOO	SNOWPARK	SLOPES
ORIGINAL	SNOWDOODLES	BUCKET
SLEDGING	ADMIRED	HOTCHOCOLATE
FOOTPATH	UNFALTERING	PRAISEWORTHY
STICK-ARMS	BROTHS	INFLUENTIAL
GRASPED	HAMMOCKS	DEDICATION
TECHNIQUES	GUIDELINES	WINTRYRIDE
ANDRE	EXPERT	PERFECT

Puzzle # 58

```
S S C R O S S C O U N T R Y E Z Z I U C J M N
E T I E S U G U N F O R G E T T A B L E A N H
G H O A M Q A T S G A S X D G J M K N J Z M S
Y O T R R A F S S U C Z H A T S O S U R L X W
R L U I I W F S L H T H B E G G F D E R X E Y
O I K G N E V G N O R T S N P N S N V X Y I R
T D F Y P G D L X A F R J C M I S U R C U R A
S A R O O F Z L D P A M O M C N A O Q K K C L
I Y K K C L Y E B I F U D N O A P R Y J O M P
H R M V D U P Z P W N I E R O G R G Z V N M M
S S H W C T S Z U T M L S V R G U E I L R F E
Y S A T N A F R E P E B I B D O S L N E O U X
T H E M O T A R A I B O A E I B M T P S U M E
B W Q Y K P E C G X R Q R Y N O T T Q S T F G
F S N N I D T E L H U U P O A T Q A F O E V O
M N G D T F K Q T J M E N N T T O B F N J U Y
E V A D U B Y G V F U S X D E C F V W S W B B
M X Z L D H C X W U S T Z Z D I U R J P U E S
```

TOBOGGANING	QUEST	IMPACTFUL
STORIED	HATS	HOLIDAY
ADEPT	PRAISED	YUKONROUTE
STRONG	LESSONS	COUNTERED
FANTASY	HISTORY	FAME
COORDINATED	RAPID	CROSS-COUNTRY
SURPASS	BATTLEGROUNDS	FOCUS
BEYOND	UNFORGETTABLE	EXEMPLARY

```
G N I X O B W O N S N O G L O G P S Q E Q R X
E N D X W Y B N X F F E N W G N M D K V G B R
C I O X R O O R N A T U R A L I O K G S Y D B
N C M E X U G N I K N I R D L P V N H G E M H
A K S O I D P S E A S O N E D P E F I K R P F
L F S A V A L C A L A B P Z F A R J M V E N Z
A M A M G N I S R E V A R T U M C U I F L P K
B S U G N I N U T W L V G M Y A O G O V L A J
S L L W H P X P E I B B L S N U M K G U A O V
J P U X S V U D S L D E G G U R E J I N G G J
G Y H E S Y E C U D P H A N D R E W H I T E A
X M A S L N I A O L U I Q I S H L K C S F S T
L L M D R I A Q H I O C Y X H K R J S U E A O
S C F A I W N B E F S C A L A P A B D M B B W
K N E D O L N E C E G N Q H L K V L P L Y Q Q
W L E S S T O A I N J Q R C K E E V W Z D A V
K A W O G Q U H B B V V A L Q I K C Y Y F I J
J C S T I C K A R M S J A U F X W V R T H G U
```

SNOWBOXING	ICEHOUSE	RUGGED
SEASONED	DRINKING	WILDLIFE
ANDRE	MAPPING	BLUELINE
GALLEREY	HOLIDAY	TRAVERSING
STICK-ARMS	SOUP	WHITE
TUNING	BALACLAVAS	BALANCE
KELLY	LEARNED	NATURAL
OVERCOME	CLARK	FIELD

Puzzle # 60

```
D T B Y U B P O R E I N S X R S F R I E A I W
A Y U V S H E L T E R S R C A R V I N G M I Q
E V U J T Y J H S E T I R O V A F N O G S P E
R E X P U L R G J E I M A C H I E V E M E N T
P S W N V V N N L L A B T O O F W O N S L D H
S M O L A L S I D E N I L P I C S I D S H Z H
E G U Z H L R G D C M K D S B E B F U Y L M H
D Q X L O L Z U C C K W W F P P J Z M K Y M F
I K C G L J C L U R E C R E A T I O N A L J K
W Y A S E P I C E R M U R W M Z Q G E R D N A
W N S T Z S A Z B O G F T N L U B L S K Z Y G
X J S S D R A Z I W O H M M B W L O R P S D Y
C D E V L O V N I R G A S I P T H V D Z Q Z E
U F R K E X D P M I J O J S F B U E Y F C G G
K L O I I C I A R V D L G S U V B S E Y T U U
A D L B M F N B P Y V I B I J J Y W I C L N N L
M S E N I C R S S R E M R O F R E P X O S A L
W V N M E K M H T G N I D N I B L L E P S U E
```

SNOWFOOTBALL	CASSEROLE	DISCIPLINED
FAVORITES	RECIPES	SLALOM
LUGE	WIZARDS	GLOVES
MISSION	WIDESPREAD	SPELLBINDING
REINS	ANDRE	INVOLVED
ACHIEVEMENT	CARVING	PERFORMANCE
LUGING	WHEELS	SHELTERS
BRIGHT	RECREATIONAL	PERFORMERS

Puzzle # 61

```
U G B A G M T T N U V A S P K U N M K D U C F
R N U B C P R P A R R O T N U Q T G A T E S F
R W E H S Y I E D V C F H Z I I N S P I R E D
Y Z R M R A C P V S O E H B D E G J D L A Y Q
S T C T I P K E D N E H T R W J R J P B M P V
F H L T U G S J N K P H T A F E R V O R O F M
V R A F X P E A T B J V C S L C W L N E N F I
J I U V N K M R I G T M E S E U S A O K U D L
K L R Q Q R O A R N H O F R I O G K F I M B L
Q L E G E S P A B R Z J R Z V W A E H L E T E
J A L H F P S E R F L B E M I K D A R X N I R
R S G D E P Z S V Y A K P M T E A N R U T P N
T B Y N E L Z N A V I G A T I O N F A E A S O
D P O D U J E B T H D N E C S A R T V S L S V
E I T I L I B A P A C S N O W F I E L D I T D
N C E E R X B K K R U R Y Y E G N H X P W E C
G E C N A R E V E S R E P D Q T G L Z W L J Y
C S K I K L G U O Q B F E C S O M C U S D L M
```

SNOWFIELD	FERVOR	THRILL
NAVIGATION	TRICKS	INSPIRED
ASCEND	LAUREL	GATES
SLED	GRASPED	EVENTS
MILLER	MONUMENTAL	PERFECT
REGIMEN	PARROT	PERSEVERANCE
REINS	REGULATE	TIPS
HERMANN	SANDWISCHES	CAPABILITIE

Puzzle # 62

```
N H C L S K L Z E S C F B B S T V J N B W P E
N B I U N Z C W A Z A G C B D S S A E G R J G
X Z C I O E S S G C C Y S K R S R E S A D S D
F O B R I O E N E J P M Y C A E E T U J E O E
F L Z E T M I A E F A U C M Z N D A O L S N T
S W K Y A D K J H R R D V H I K I G H U C Y O
S K Y O N J O W Q Q E O K V W C R I E Q E T S
S X Q A I E O Y O J G L S P T I P V C D N G U
M N T E M A C N P V R O S T E U F A I F D N X
L S H G R N K D X B E M P X Y Q Z N Z D N I H
K I T N E C I P S L B I I K T F J C M Q V M A
Y C A I T L O N A S S T N G Y D A R R Z F I V
N E K D E A R T G E B E J D L E W C N R X T I
R B G I D U E F P Z Y S N O W F I E L D L P L
U O O R X D M J M S A J J E Y W S U K R Y O X
C U J V F E V J K Q L S R E R U T N E V D A L
L N K G W C U I W R G T H G I R P U P A Q L U
N D I T B P S W W O R L A E N G A G E I G Z J
```

ICEBOUND	RIDING	FOCUS
ADVENTURERS	SNOWFIELD	ICEHOUSE
JEAN-CLAUDE	EDGE	FROSTYFACE
SKY	RIDERS	WIZARDS
QUICKNESS	COOKIES	STANDING
ENGAGE	SKIS	UPRIGHT
NAVIGATE	ELATED	DOLOMITES
DETERMINATION	DESCEND	TIMING

Puzzle # 63

```
G N I H S I F E C I E C D S A P X Y S Y B U Y
X T K I N H Q F R O S T Y G A M E S O E I X C
H B O O X S V W T D N X O H D M I Q W W E O K
R G R Z G C D I E X Z D G M D E M R O F I N U
T S R R U L A D V Q E U L R E A A F D F G B K
K Z L G N W E F R Z T T R R A R T M K B N J P
P M T K S E X C I B V N G B H S W D R R I E W
A W I G C L F R G A Q X E O R M P R C Y D A X
R Y P C T H E W N G V F S C D I Z E O S L S P
R D U F O T M W V K G T Y W S D G P D V E E W
O S Y G N S A C V I E X N X K E I G J P I H N
T B I I F R K H B D U G D P G B D E E N Y C S
R X W E H L L I H C D N I W E R K W Z N N A C
W T K S P I D E M N F W E P Y R L H U C U O R
C P R A I S E D K M B Q U E S W Y D A E R C Z
S E U Q I N H C E T E G B R I E Q B F I Y X I
E Y T I T L E S L L I R D Z R S G N I R P S L
N Z R O B G S Z W I F W S V E C P O T I X D W
```

WINDCHILL	GEYSIRE	ZURBRIGGEN
PRAISED	WINTERIZED	ICE-FISHING
TITLES	DRILLS	FROSTYGAMES
SKIMMER	PARROT	UNIFORMED
SNUG	KNEES	COACHES
HOSTED	REMOTE	UNYIELDING
TECHNIQUES	SUCCEEDED	SPRINGS
DESCENT	GRASPED	READY

Puzzle # 64

```
E A G D J I P M K M X T S C Y N R E P L A Y S
S R D Q U T E N B U W L T E N M V H S U L Q B
U S E H R D R A W E R Y E L L P A S S I O N R
A N X X F O F K L L U U K S H L L Y E Y O K P
L O B B C D E N W O R C C T E U Y W N D V R E
P W D S L I C S C B Q V A R S S S F E E D S E
P B V H N J T R K K Z K J O T E A K T T V E K
A O V N B M R E G C Q U Q F M V A B I A O C P
K X S Z L E I E M T O D M W S T S T H E U N U
S I C O A A R N T E V S N O D R F G W H H A W
Y N B J T D K I F Y N B S N H T E T C R L U Q
R G P S N O R A C C S T I S O S E Z A V Z N R
K H D W E W A T H J S H U P R E C I S I O N R
A N Y J M L Z N I E V S L L E H S N Y P F T F
S U S G U Y G U E F F O R T L E S S P J L Z
V K J I N S N O I T A V E L E W L W L C F J F
G Z R R O D E M M S Y C U C I T S U R O O A A
W K H X M P X L E X U N Q M S U R A I P L H G
```

WHITENESS	MEADOW	EFFORTLESS
EXCITEMENT	SNOWFORTS	SAASFEE
MOUNTAINEERS	PERFECT	SNOWBOXING
MONUMENTAL	NUANCES	REWARD
JACKETS	PRECISION	UPKEEP
HEATED	SHELLS	PASSION
SOCKS	REPLAYS	RUSTIC
CROWNED	APPLAUSE	ELEVATIONS

```
P S P L C W T B D S P U Y T W K A A U S I U H
U N U T O W Q N E Z Z E L L U F Z P T M P V S
R E S L N S R E T K L H L T A T U C R A T W S
O K O E D H E Q S M M T I S Y Y Y X T E H V O
C O U H I Q H L O E B W K O B D K I M T E V W
K T T W T N T H H K M I G R A T I O N N V O A
H B Q R I L A Y H D C T N F V K S S N O I E K
O M L Z O N E E P U P I T A L G C T O I S U R
P V N W N E W G B E A X C M E A H N L T N M A
P S S T I X D I J E I C I R I G E E S U O E P
E W D Z N K X F L B R V T E G D D M M C P X R
R S C C G F R I U Y A U L P S O U E W E S P E
E B Y M M N H M J A A N G E Y P L V K X E L V
R Y N U B O B S L E I G H I N G E E Q E R O U
Q G D E T H G I L H G I H L F F D I X Q Z R E
L S U P E R S T A R S T W E R H W H B B J E N
C J G S V A I C B R N J E G N J M C F T F O A
V T O W N V S N I T R D X S G I I A S U Y Q M
```

PARKA	TIP-UP	FIGURE
CONDITIONING	PERMAFROST	ROCKHOPPER
TEAMS	SUPERSTARS	BOBSLEIGHING
MIGRATION	EXPLORE	EXECUTION
MANEUVER	KILLY	LOWS
RESPONSIVE	TOKENS	HIGHLIGHTED
LEGS	SCHEDULED	BEANIES
ACHIEVEMENTS	WEATHER	HOSTED

Puzzle # 66

```
L H Y E D F G N I X O B W O N S C Q G G M E C
C U V F M O J U C K F Z S R E R U T N E V D A
I U F T E I A H K M Y Y R E T N I W F A U K U
P G Q S P D A J T X E G N I D N I B L L E P S
O P M A S L D R O H C L S Z O B U R S T S H P
P Y H M L E G N I K A E R B H T A P K V E C S
P D I E N A C M J R F H G F X T K C Q I K A W
O U N U H Q Q C M C Y A G G M N O V V H U T S
N G F N A U E A U T T G W L O M T Z G B F C E
E U F W B D Q G O S S L A S M U E S P D C H I
N U Z A L W W L Y L O S R E S L E S I H C Y R
T G P V E P E K F W R Q M F S T R E N G T H O
S B V E D L A J W O F O T H V B K Q L L P E M
Q P W R O D U C T C R H H X B R K A M X N N E
D E T I R E M O H A P E R F O R M A N C E S M
Q U P N A H E C T J H I S N E K O T U E Z Z U
Q Z N G K Y B E T R A C K E R J T P I R M I N
M U X X U P D M D Y W I O W Z W W Q A J U Y D
```

RODELBAHN	CHISELS	PERFORMANCES
STRENGTH	SNOWBOXING	TRACKER
BURSTS	MERITED	FROSTYFACE
CHALLENGE	DEFY	SUCCESSFUL
WARMTH	UNWAVERING	COMMEMORATED
SPELLBINDING	TOKENS	WINTERY
MEMORIES	PATH-BREAKING	CATCH
PIRMIN	ADVENTURERS	OPPONENTS

W R K G V Y Z D P G G A D F J H H U U F V S H
R L Y R D R T Y R O E U S J Y F M O U O T N D
T N E I C I F O R P S L V N F I G U R E U O G
B H V V Q C M J S P E A A T O H O E A Z R W I
E U I R J O R O R G Y U H T E W D U D T N B A
F B A A E M P E D V E M E K E E G F B O S O O
A B J F N P G P U U L L O M T D P L O B B A J
I O Z P U E O R H O A L V A E I I D O Y M R N
D F S Y Z T P O G M O K R D E L I A H B L D H
O L C O O I T L C C C T E S U A L P P A E S S
W V F M T T I U U S S R C V U S B G L Q N I D
C Z L J J O L J I N E M R D Y E J K S C R E I
G Q P F H R C G O H G F Y E W A K W X R E C F
S N K D Z S Q M T B R E S S O J D C O P F K R
N H N S H J E A Y A B T T C N M M M S L R G J
K V A Y B D E M N L E X A E S L C I E U B B K
U R S R E W E Z L E N T L N P M N T A Y V J T
B Z L S P D N E C S N A R T G Q N E B S Z I J

SNOWY	PLUNGE	BODE
WEATHER	CRYSTAL	SCOOPER
FRANZ	PROFICIENT	AXEL
SPEED	COMPETITORS	APPLAUSE
COAL-EYES	TURNS	MCMORRIS
HAILED	SNOWGLOBE	SHARP
FIGURE	DEMONSTRATED	SNOWBOARDS
DESCENT	TRANSCEND	ELATED

Puzzle # 68

```
S R G Z B D K A H I A C O N D I T I O N S N S
P U I F A R O P S Y I T E K C U B S H E L L S
L S C P R N E L B F Z N C T F E K W W M B V L
J L T I A B I A T Z Y Z T R V F Z A S D K K Y
Z O Q I P A J V T H F H I E O F Y L N S Z T D
P Z D Z R L C Q R H W F Z A G S T A R D O M C
P U E T U E L W H W T T F C O R D O U S Q L M
X T S G B S K G V Y A A L Z Q T I D T V G C S
N T C T B K T D W G O B K B V K K T A F J I F
U B E E N A Z R N V V W C I G L Y S Y W L A D
S S N W R E T R E A T P K C N S C A R F U W F
T D D Q B Z K K V N Q M B O I G N Z T E G F I
R E M R A W G U M A G D D N D F R C I Y I Z K
W N Q L P K G H I F J T F Q D U I O W R B A C
G N I R E U Q N O C B K H U E K M G U D Y M M
Q H Q U E S T J Q T D L E E L Q Q D U S X T J
A C U F S D R A D N A T S S S R O W Z R E N D
M B Z G O S K A T E P Y T T O E V H A P E D O
```

SCARF	BAIT	AKSEL
CONDITIONS	SLEDDING	BUCKET
MAIER	STRENGTH	MUGWARMER
BREATHTAKING	STARDOM	CONQUERING
TRAILS	TURNS	FIGURE
ROUSED	RETREAT	QUEST
STANDARDS.	INTEGRITY	SHELLS
CONQUEST	DESCEND	SKATE

Puzzle # 69

```
F U U F O D T U I S T L B C O N D I T I O N S
E B N H P G M K Q Q H A G A U F E R D E P B S
S K F I P O S C S F G U R N C M T Q K K K R T
T G O F D H Z R N G I D F E I K N Y L L I K E
A N R U E L X B O Q N E A P N G C L J L S E I
B F G K T P Z Q W T D D N Z G K R O V M X W Y
L I E B A B D E B N L T T B K E L E U H T T B
I D T B E X Y B O E O R A G B I C W M N R C P
S B T H S H N T A D C A S N N Y D Z Y E T Z F
H R A G L E O R N F V Y E H R U D L T X R Q
M V B O N R Y I D E R E I D I D L T T R G W Y
E T L B I I G R E C O R D E D M S Z V I Q O M
N B E O I T V S T S F S L U M I P V Y A J I T
T F U Z F A S A C N P I P S H R E G U L A T E
G S R D L G P A Y A K N J W R D I C O S U C J
B D V V X E I M L R R G I B M P O L E V E D T
D P Z W I C D Q T T V F T N F L L A U R E L G
G A R Q F D I Z L U W I J R A H Z M Q G B D L
```

SCARF	FANTASY	HERITAGE
LAUDED	WHISTLER	KILLY
DEVELOP	UNFORGETTABLE	SNOWBOARD
DIDIER	ESTABLISHMENT	SEATED
BACKCOUNTRY	LAUREL	CONDITIONS
REGULATE	LINE	TRIALS
RECORDED	EMERGING	COLDNIGHT
TRAVERSING	TRANSCENDENT	NOTORIOUS

```
T M Q M Q F B C T O B O G G A N I N G K B J H
Q L B F L R O K A U N D I S P U T E D A H Q V
Q N C L T U U Z D S N T O U B O F F N E C O X
E O R S T E N B E E S A M G W H L K O P Q O F
Z L K Q C J D H S T S E T W M W S R P G B G W
C X T A F T A Z C A C X R I E C A L P E R I F
M Q R F X M R N E V E Y F O O V P U U M E P M
R G E V C M I F N E E Q L E L N P A R K A I R
D E C I O J E R T L W I L G A E A I N I C E D
T B V J Z S S S S E J K M D L B P L S E T B L
U R E I R R A B W O N S G O U A K B I G B L E
M J A C K S O N H O L E B L X K O L G T A J T
K C O M M E N D A B L E N H F C J C B I C U
R E J S Z D E K R A M E R S P K G B M T E E D
I A O I U G R M A Y A V G H Q B T O P F D K S
X Q K B R L E H Ü B Z T I K L N O J R H Z I J
N S T N E M T S U J D A G B N R C E Z K W S Q
T D N E I R F Y T S O R F T B E P O M R B O Q
```

<table>
<tr><td>PARKA</td><td>LODGE</td><td>KITZBÜHEL</td></tr>
<tr><td>COMMENDABLE</td><td>TOBOGGANING</td><td>JACKSONHOLE</td></tr>
<tr><td>UNDISPUTED</td><td>REMARKED</td><td>FROSTYFRIEND</td></tr>
<tr><td>ICE</td><td>ELEVATE</td><td>GRACE</td></tr>
<tr><td>FIREPLACE</td><td>CASSEROLE</td><td>BOUNDARIES</td></tr>
<tr><td>REJOICED</td><td>BROOMBALL</td><td>DESCENTS</td></tr>
<tr><td>BANKS</td><td>PERFECT</td><td>SNOWBARRIER</td></tr>
<tr><td>PEAK</td><td>NATIONALITIES</td><td>ADJUSTMENTS</td></tr>
</table>

Puzzle # 71

```
Q X I F S S P A C A D E N C E N R S I T H E B
Q Q I O A G R D C Y T U F R O T A D E R P H S
H W R R X U D J Z A V H T I R V L L E A J X P
I P B D G K L U K S C N G L A L Y P L W L Q P
Y W Y G Q O I S X A L S Y L F D Z X F I J L D
D I E V E O G T J W O K C I E M G U P C K M T
Y D Z U S N G M J A A A T R A V E L E I C S I
L N T F I K H E M H L C S K G R U M R H G N U
S K O L X K G N J A R S E I R L A V I R L O S
X Y A U D J B T B T D W S R E V U E N A M W R
P E Y D B I N S U L A T E D Y H H Z U O S B U
H T C R Y T R T T M X O O D M V S W P S I O P
I O A A L E A K I M E X R P P C I F E U C A G
X P S Z R E V I T A L I Z E O Q O N N E G R B
K X D Z F J U M P I N G P T C L R C I B S D Y
R G N I O F G L L I H N W O D A A D P K O E R
V I Q L N U E D J L C G E C H A S R C W Z R G
W S J B H G J F C J G A R H A T S U M M I T S
```

BLIZZARD	HEALING	MIKAELA
TRAVEL	HATS	REVITALIZE
MANEUVERS	PURSUIT	BALACLAVAS
PREDATOR	HARNESS	RIVALRIES
INSULATED	SKILL	JUMPING
CADENCE	SNOWBOARDER	RUGGED
PROS	SKATE	DOWNHILL
SUMMITS	POLAR	ADJUSTMENTS

Puzzle # 72

C Q V F I T N E M H S I L P M O C C A X Y U F
O I X E R H W K R E M A R K E D C K N N E N D
L H P E S Z L S R E K C A R C A J E P C U R E
D D L K Q I W R V D Q M R I S B C K W G U I O
N P W B E N V I R O N M E N T S B M D G X V H
I U N F A V O R A B L E W T D O A T V J O A S
G W M U D E R I M D A S N O I T A V E L E L W
H U N V S A Q Y W Z Y U I P S C N Y U N Y E O
T B S J R D E F Q U B O Y O C Q U Y N I M D N
B G Y B D E H C T E R U M G I T D L R A L O S
E A B C D R H Q D I O D O H P A C Y O H L M D
C C C P O Z I X C B T T R L A L L E C H U Z I R
H L C K Q A L L S N H A T U I A Q F O B S H G
E R N N W P Z F X R S A C V N L A N T E R N M
L X J S K A P B D H I M X L E Q P Q K O Q M N
O X B N P U R C X M A H D U D K A U Z O S E B
N K K O B G O D E T C U R T S N I K U B Y K X
O R G N O Y K J T X H R P C E S M K V P C G I

LANTERN	SNOWSHOED	ETCHED
ENVIRONMENT	LECH	HIRSCHER
ACCOMPLISHMENT	PAIRED	SOLAR
DISCIPLINED	ADMIRED	UNRIVALED
COLDNIGHT	ECHELON	ARDUOUS
BACKWARD	CRACKERS	ELEVATION
REMARKED	INSTRUCTED	BROTHS
SKI	METICULOUS	UNFAVORABLE

Puzzle # 73

```
N G B Y M E M O R I E S V U Z F A B Y P M L S
N W M W P E K D C T Z Y C W X J G J U H E A U
M P E L D Q K N X G S Z Q S F P Y Y A Y V J O
D P L I E Y Z W R C I Q U P V E H N K W T I
Y U B T W S G W O A A I K R H L H J W M U X G
D R A C E A S Q J H I S T O R I C A L G Y H I
F S T I M T G O G N E P S A L D E L K S E C D
F U T N O N B E N Y D G K R A M L L A H I Y O
O I E E C A G L I S A F N F Z S S N P H G M R
T T G C R F F A T A L R Z K X P V W A Z C I P
B D R S E I R D A R N R Q V R O R E H T A E W
S R O W V F E V K B X X F S X T E E F S A A S
C F F M O X E A S W T A T H D W L D R G M C X
W O N M A X Z N E S R E E N O I P I F V H Z L
O O U T J A E C C P L Y M S N N I Z Q I D D W
F T M H H X F E I N T K R E V I T A L I Z E O
B E K J H E L D Z X N B C L H Z R L E V F J L
M D N F R O S T Y F E A T S D P Y S J E Q K A
```

CHILLY	REVITALIZE	PRODIGIOUS
PURSUIT	INNS	FANTASY
ADVANCED	TOPS	ICESKATINGJOY
FREEZE	MEMORIES	HISTORICAL
ASPEN	OVERCOME	LESSONS
UNFORGETTABLE	SAASFEE	AAMODT
PIONEERS	HALLMARK	SCENIC
FROSTYFEATS	WEATHER	FOOTED

```
I F B A S Y F D U A N D E R S O N B Z T Q B U
A T F I P T J I K H Y C N H T P U H J M G N T
X D G K H H T Y S P K I L S X B V L Y T O N E
W A V N Q Q Z V C M E T H E R E A L A H A A X
E I Q E I L O Z U U Q H C A R D N U T E L I I
W N J X N E D A W I V R X B N J Q G Y R Z R R
Q V K I W T O E W R T B H J C C M E L M O E V
L O U S Y O U H T T G V S R E W O L L O F B E
E L A U D E D R S A V Z B L U P N O C M D I X
K V N W J J I A E W P K L G O V C N O E E S P
Y E T I N M M C S S O I Y V N Z C J A T G N L
O D E B U Z S H C R M H N C V N S Z T C E A A O
H C F M A O E L D C A M S I S X I K H R G R R
A I M I N G M A L P H P X K T A P S E W N T E
N S C E N E S I T Z U D I J B N I W S N E K R
K A J F J H F M X H J N V Q Q R A T O L C A U
G V W L N C K E J R G F H Q C B M J D G F A S
R L N S D I D D K U X U N P L P E X S G X W G
```

TUNDRA	ETHEREAL	INVOLVED
LAUDED	SNOWSHOEING	CHILL
COACHES	FOLLOWERS	BAIT
MAP	ADVENTURES	ZEAL
THERMOMETER	TRIUMPH	AIMING
SCENES	KING	ACCLAIMED
GOAL	ENGAGED	TRANSIBERIAN
ANDERSON	EXPLORE	ANTICIPATED

C B F N S F I T N E S S P C E J L R F W Z S C
O J I T T J T H Y T N W H A N C M P O X E C G
N Y U D F W L I L W O M P P T Y A J S D X I N
N W N F I W E I M I W P X S J U O C B Z G T S
E F P R L X O W G Z F D E G U L B X G T A C U
S I A Y R M T P P Z O S G N I R P S T O H A C
N P R Z I S R O S L O I B E R E A C H E D T C
E L A N A Y E B P E T N X K O T S V E A Z Q E
T H L T H E B Y X H B P M H Z X E Y N C G O S
T V L D C N L L E J A H N O I S S I M B N A S
I V E E G Q A G C I L T P P Y S Z N K E P Z F
M F L Z E I D Y W M L M D Z B M O G Z R Q Y U
B K E F R E W O P I O K H A L Z Y M E H X S L
E B D Y L S T E D I R M E V E N T S T C H T C
B R S W H X L C E T N C P T P I C O F C O E C
O B O C W I N T E R Y S U M W D N S M E U W H
M N D E M O N S T R A T E D G I X R Z D A X T
K S A R D N U T R E H K M Q P N K O E O A P A

TUNDRA	HOTSPRINGS	ALBERTO
UNPARALLELED	SNOWFOOTBALL	ROD
TONI	EVENTS	TWIZZLE
CAPS	CHAIRLIFTS	KNOWLEDGE
TOP-HAT	STEW	FITNESS
SUCCESSFUL	MITTENS	MISSION
TACTICS	REACHED	RIDE
WINTERY	LUGE	DEMONSTRATED

N L O Z M H I I I H S I K K S G Y O F U I L N
L M B K M C Y U G L C Y G H Y R L S L X H L G
A I G W Z D D G E F H L A Z E T R E M B K E N
T M N J J O C G F J P B C S V V T G C H N X I
N C I R N X N H F L X Q I G R C N E P D F E L
E K N H H A K X U Y C U U T U U U B D M T M B
M F U X W S F N Y R U B V N S M H W A A H R B
A M T O S G G V W E C E M Y N K Y P L V E C U
D W N Q U E I W O P B R O T H S P O T F R O B
N S G S T A R S N P C F C S L R C E L C E M J
U K A G Y V B J S I W N K O O D E L H H P K
F N B N C Z Y V Q Q L P O E A H Y C B G O T A B
W P R I I Z T I Y S W U C C K T P R E T A G B
N D A G T M S F C H Q H X E I R A O D C E N L
S F E U C J U Y I T E C M V Q O R X M O W O C
W H G L A N J K V S O I E K C V R K S C Y N K
W J L Y T K E Y H U N R D P E A O K P O Y I A
R Y A H O S K H F F W U Y O T F T L S A S T U

SNOWY	BUBBLING	COMPAGNONI
WEATHER	SNOWANGELS	PLUNGE
STARS	FUNDAMENTAL	HOTCOCOA
REFLECTIVE	PARROT	SURVEYS
CHOCOLATE	SNOW-HIKES	LUGING
FAVOR	HUNT	BROTHS
APPROACHES	SLIPPERY	GEARBAG
VICTORY	TUNING	TACTIC

Puzzle # 77

```
S N N L N E B R Q S P S R J Y G K K A L M R R
T V M E C S G K I N G S O E S A B O K X K P C
C C N N M M T W J S I P P I N G C R V S U O N
E A V X O I E I J A G A B Z A O I G K L M M X
J R S O I U G Y M I D W X Y C P I A A R Z R N
O D S C O M P E T I T O R S V E T E R A N S X
R I R Q O Q A D R W L J Q B E E G A K I W T D
P O G F S W O K H S M D E D R A G E R L B Q S
O V B A Z J V O E O V W I S B N E Y P S S C T
O A L S R Y C L E T A N R E B I H Y F L G L E
L S I V K H C A R E R I S Y E G T Z A C U H F
G C Z H E I Z U M N D I Q S J S R L P C C A L
I U Z C C T G A U P H W I P O V D L I N H U D
Z L A I N G O O T Q S B W R N R U F A H B J J
Z A R N E T T I R W E R F M Q L F L V T Q G F
T R D D F X S J W C W O N T V I A D X V J K G
F J U M P I N G J Z Z U Y F D V W Q V W Y K I
G J U N T J N R P Y T O Q N A W P R E S C U E
```

BLIZZARD	SIPPING	RESCUE
REGIMEN	AVALANCHE	ICICLES
COMPETITORS	CARDIOVASCULAR	HIBERNATE
RAILS	VETERANS	LIMITS
FROSTY	GEYSIRE	SKATERS
DIFFICULT	IGLOOPROJECTS	KING
REGARDED.	REWRITTEN	COCOA
RUGGED	JUMPING	CAMPS

Puzzle # 78

U B E L N L X F T R A N Q U I L U R L Z M N F
H A N P C K O T C I Q A S N T B F G I D H S Z
A A T D U N X I N D I V I D U A L I X V E J E
A C H E U X Z L I X E M D F R Y N C M L A F K
K U R S X D D O E R N R T E N N F Y G F B L Y
E N A S R F P C G W I O S D O S C C L E B U S
E B L A T I H X H N O P I V P A J D D Z F A E
X M L P X C A I K D E M A T G G C R C H S T T
C M I R J F K I L C O T G E U S K I I N G B A
E V N U S I N Z T L E M L K P A A P Q Q V D L
L Y G S N G B E O U S Z O Q I T C A G V N J U
L M Z G M J D A K E O I K V W C E N B A Z N M
E T E S T E D N D W P K D L W D F D L T Y T I
N T W V F V Z J N N X F R E Z F M N G A C Z S
C R J M M Q V G X J F X Q O V H I F G M K N Z
E E Q H E D O M P H D R D F W F V B G U G L D
A K P S E A S O N S I L U G N I T T O R T L X
R Q A T S B S B J A C K S O N H O L E L S E I

SKIING	FINLAND	AIR
SURPASSED	DRINKING	SEASONS
TREK	WORKOUT	HILLSIDE
CAUTION	LEGACY	SIMULATE
TROTTING	EXCELLENCE	DEFY
RIVALS	JACKSONHOLE	INNOVATE
TESTED	RESPECTED	TRANQUIL
HIKING	INDIVIDUAL	ENTHRALLING

Puzzle # 79

```
Y D G Y U R B S U S U A L Z B H N K S I V K R
R V Z H K T Y C T M G U Q O P Y M Z U H Q O T
S T C W O P O O T N C O N F I D E N C E I S R
M T F P Q C O W I U Q G I H Q K T Z G A I F E
A M S W B B O L I S I E X E C U T E D K T U T
R C S Y W P K Y J T N Q H I G D N R S V G H F
S Q N O Z R E S N L T A S N B J S D S R N D L
H M N W A I U N O B E S F R K I X X T L I R Z
M S X P Q U H O N A R U I I R N F S U P M B A
A L S O G A W W E E N G A Z N G D K X T I G F
L X T O R O G M M L A P B L O L B I T N A D B
L I R D C W V O O E T T H C S E A S B I H D D
O R Y X O T I B N G I U G Q L X H N F T P L P
W S E N M Y X I E A O K E X J C I D D M E S M
S E S H F L C L H N N Y E R G H K N I R E C I
H N P K O K R I P T A B D E C N E I R E P X E
I R K N R F C N J S L Y C H I L I T O R Z Q U
M Y T O T X I G I R N N G D L E H R Q X P M Y
```

WOOL	COMFORT	SKI
TOPS	SPARKLING	SKIS
AIMING	HELD	SNOWMOBILING
JINGLE	INTERNATIONAL	CONFIDENCE
MARSHMALLOWS	PHENOMENON	EXPERIENCED
ELEGANT	ICE-RINK	FINLAND
TIPS	EXECUTED	SNOWBOOTS
CHILI	HARDY	SHIFT

Puzzle # 80

```
L H U U T Z Y P Y T I R G E T N I Y S D E Q A
H Q N E L E G A N T A R R V T S Z A W Z Z L T
V J H P F C S L I A R C I D R O N R W Z T Z V
Z Z Q E O Q N X N Z A C M S R E V U E N A M W
Y V C A U S B P U T U S E H C S I W D N A S W
Z Z C E D R F W N T X T T D E L L I K S A U P
U H S N E H R E W V T N H B V A M Z M Z L Q Z
E T P A S S I O N A T E O L L N M N S C B F W
L Z D V W L U U L P W D D S K T G O L P G Z G
I Y O Z I H X N A S O N I X I E L N A S H N S
T I L S S T D O M A A E C A Z R Z H V J E W C
E T E P E G N I N U T C A B J N F M I F P X N
B R X I Y L V D F W D S L E I L W N R G D N A
Y H Y G L P K U U L N N M F A I R Y T A L E N
C Y I R Z E R L M G F A W U K G S U H S R V G
R O Y Q H M D M D R K R C H I L L Y G A M E S
Q S J A F A U A X W V T Q H A R D Y H T K E W
I S A M S V R H K H E A T E R K J A S E Y J O
```

CHILLYGAMES	BREAD	MANEUVERS
METHODICAL	COACH	SANDWISCHES
SKILLED	RIVALS	LANTERN
QUEST	AXES	TRANSCENDENT
HEATER	AAMODT	RESILIENT
PASSIONATE	ADELIE	ELITE
TUNING	INTEGRITY	NORDICRAILS
FAIRYTALE	HARDY	ELEGANT

Puzzle # 1

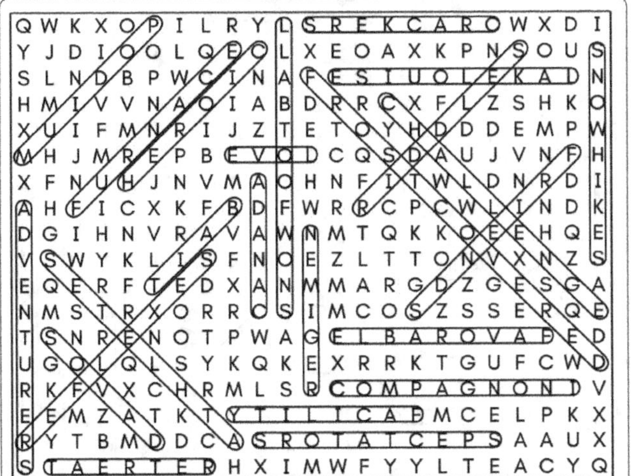

FROST-COVERED	LAKELOUISE	ATHLETES
ADVENTURERS	SNOWFOOTBALL	BAIT
COMPAGNONI	REGIMEN	FURNACE
SNOW-HIKES	PODIUM	SPECTATORS
RIDDLES	CRACKERS	CANADA
FRIENDS	RETREAT	REFLEXES
HEROIC	LOVE	DAVOS
CHALLENGE	FACILITY	FAVORABLE

Puzzle # 2

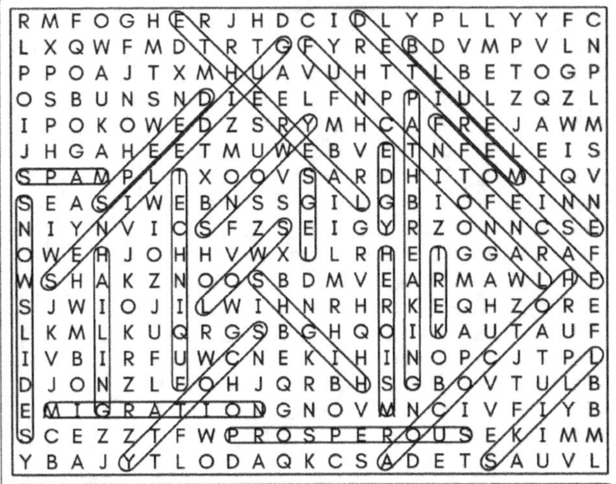

SNOWY	ETHEREAL	SCOTTY
MERITED	HOTCOCOA	MAPS
HIGHS	GUIDELINES	SNOWSLIDES
SPEED	LOWS	FUNCTIONAL
BLUELINE	TECHNIQUE	HAILING
PROSPEROUS	FACEOFF	SKILL
LEGS	PATH-BREAKING	MIGRATION
TREK	HEROISM	EDGY

Puzzle # 3

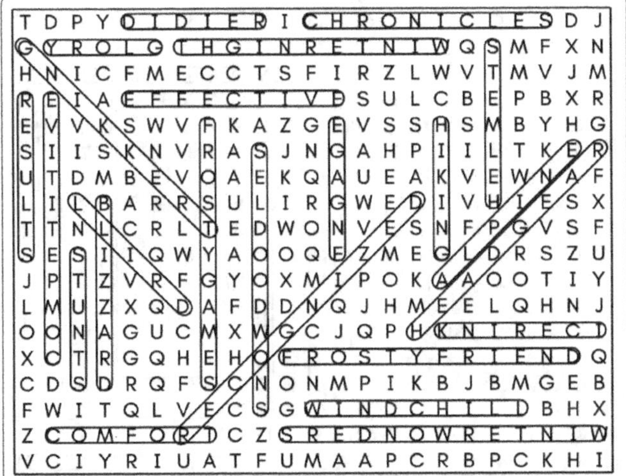

BLIZZARD	ICE-RINK	WINTERWONDERS
STUNTS	WINDCHILL	HEADGEAR
ALPINE	EFFECTIVE	TREKKING
COMFORT	COMPETITIVE	RESULTS
SNOWDOODLES	HELMETS	HIKING
RECOGNIZED	FROSTYFRIEND	DRILL
DIDIER	CHRONICLES	FROSTYGAMES
WINTER-NIGHT	GLORY	ENGAGE

Puzzle # 4

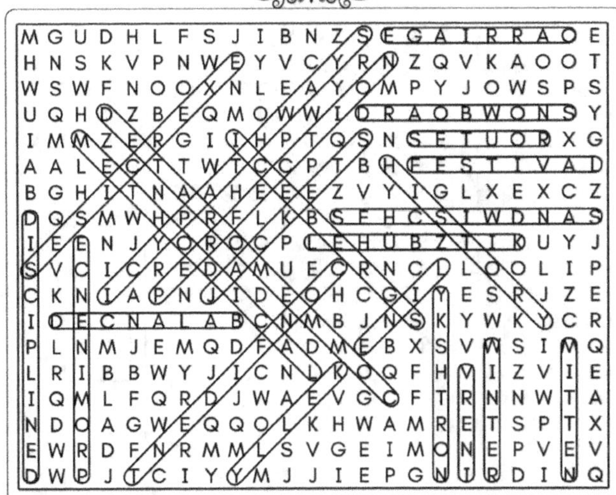

MITTEN	NORTHSKY	KITZBÜHEL
CONFIDENT	ICYPATHWAYS	FESTIVAL
KELLY	METHODICAL	JACKETS
ROUTES	DISCIPLINED	EXERCISES
CARRIAGE	SANDWISCHES	HISTORY
BALANCED	SNOWBOARD	WINTER
ICEBERGS	PROMINENCE	LINE
VRENI	COMMEMORATED	PERFECTION

Puzzle # 5

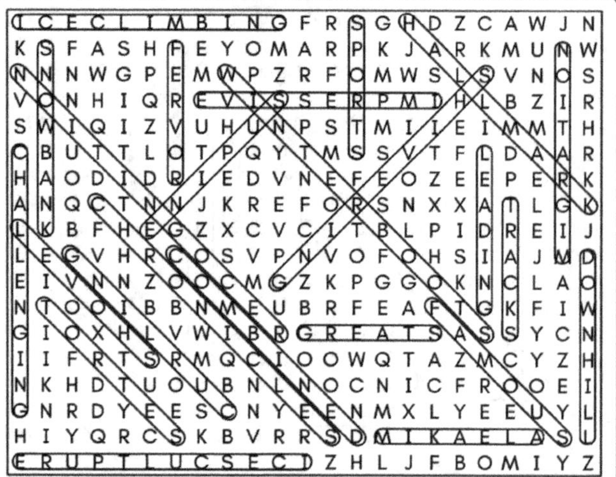

SNOWBANK	DOWNHILL	FAMOUS
SUPINE	SHOVEL	MIGRATION
SPORTS	IMPRESSIVE	SHIVERING
ICE-SCULTPURE	COMBINED	CHRONICLES
ICECLIMBING	TORTES	RECOGNITION
FERVOR	CURLING	CHALLENGING
TRACKS	HALLMARK	WINTERBOOTS
MIKAELA	GREATS	LEADING

Puzzle # 6

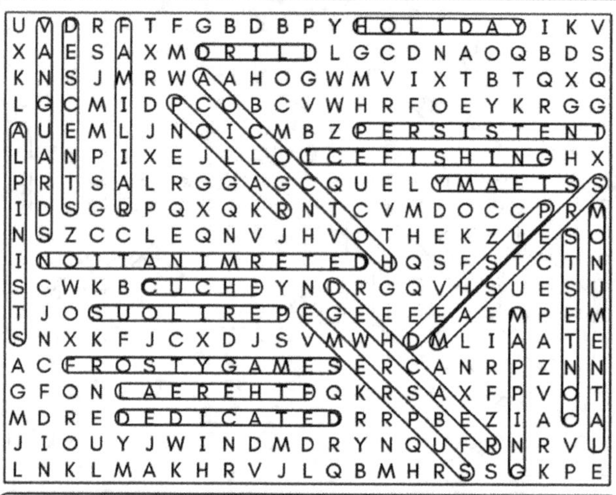

HOTCOCOA	ETHEREAL	DEDICATED
MASTERS	FROSTYGAMES	DESCENTS
ALPINISTS	FAMILIAR	STEAMY
DETERMINATION	PERILOUS	SUPREME
ICE-FISHING	CUCHE	CONTESTS
PUSHED	DRILL	VANGUARDS
POLAR	PERSISTENT	MONUMENTAL
HOLIDAY	MAPPING	REACHED

Puzzle # 7

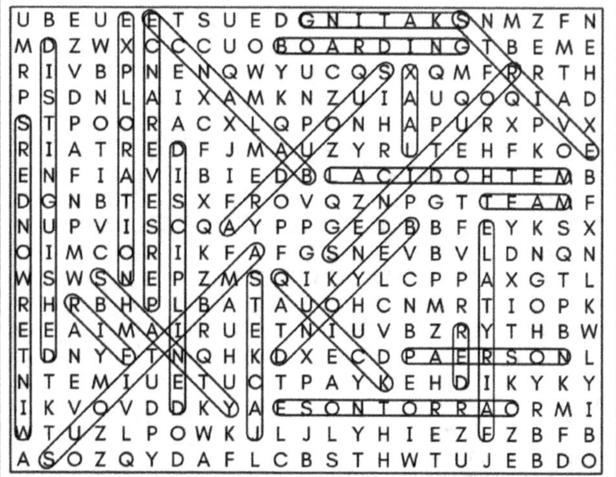

FIR	BALANCE	FAIRYTALE
BEYOND	CARROT-NOSE	PERSEVERANCE
RED	DISTINGUISHED	JACKETS
STRIVE	BOARDING	QUICK
LAAX	TEAM	DISCIPLINED
METHODICAL	SHANTY	EXPLORATION
AMBITIOUS	ARDUOUS	WINTERWONDERS
PAERSON	SKATING	ROUTINES

Puzzle # 8

ARCTIC	WINDBREAKERS	RESCUE
CARVE	SUBZERO	CRACKERS
MIKAELA	REWRITTEN	CHILLYGAMES
HUSTLE	CONQUERING	EXERTION
BUBBLING	OVERCOME	CLUBS
ACCOUNTABLE	TRIP	RESOLVE
EDGE	ADAPT	FANTASY
AIR	CADENCE	HONOR

Puzzle # 9

WHITENESS	PARKLAND	TRACK
METICULOUSLY	FROSTYFRIEND	COURSE
DEVELOP	PEERS	JINGLE
CHALLENGING	DESCEND	FERVOR
RIDING	CELEBRATED	STRIDES
STORIED	CAPS	GONDOLAS
HYDRATION	ELEVATED	WINDBREAKERS
TRIALS	VISIBILITY	EFFORTS

Puzzle # 10

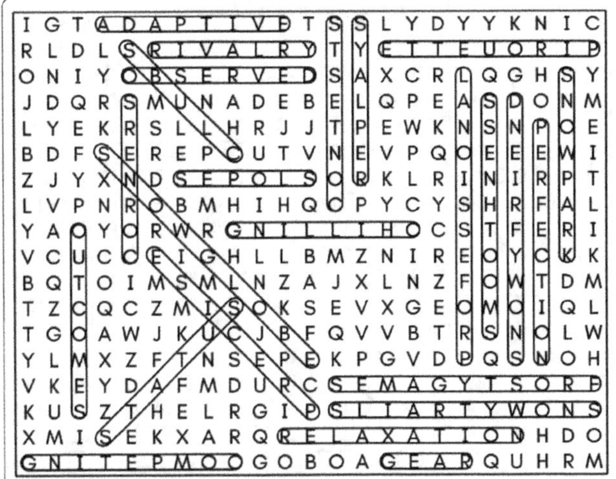

FROSTYGAMES	RELAXATION	GEAR
STATUS	PIROUETTE	SNOWPARK
CONTESTS	CLUBS	SNOWYFRIEND
PROFESSIONAL	COMPETING	PERFECTION
SNOWGLOBE	CHILLING	PRECISE
SMOOTHNESS	CORNERS	RIVALRY
OBSERVED	ADAPTIVE	SNOWYTRAILS
SLOPES	OUTCOMES	REPLAYS

Puzzle # 11

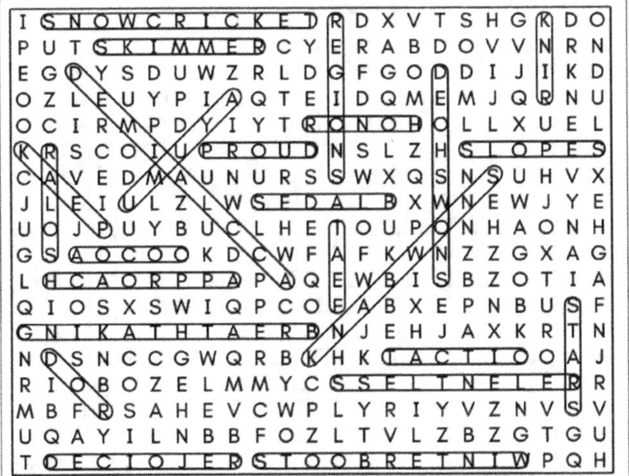

SNOWBANK	SKIMMER	SNOWSHOED
REGIONS	SNOWCRICKET	BREATHTAKING
STARS	REJOICED	COCOA
SOLAR	ACCLAIMED	RINK
WINTERBOOTS	FEAT	SLOPES
BLADES	APPROACH	RELENTLESS
AYUMU	TACTIC	ROD
PEAK	PROUD	HONOR

Puzzle # 12

FROST-COVERED	VONN	COMPETING
SPECTATORS	SNOWSLIDES	RIVALRY
RACES	TRUSTED	HOMESTEAD
CHALETS	EXPERIENCED	BALANCED
POWDER	SLEDGING	ADVANCEMENTS
PROSPEROUS	EVENT	LUGE
RIVALS	ELEGANT	EFFORT
RECOGNITION	TRANSCENDENT	RECOLLECTIONS

Puzzle # 13

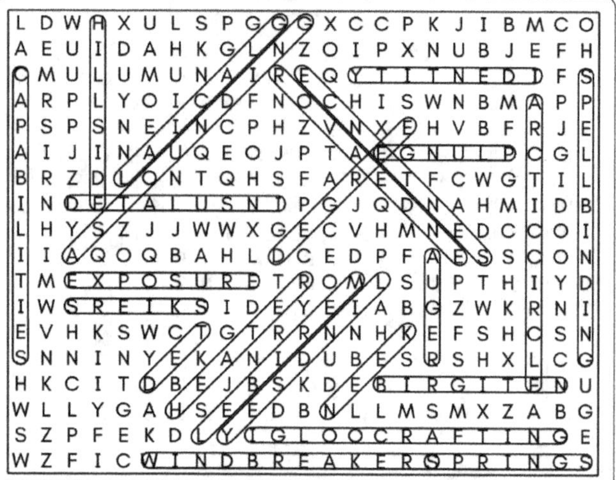

GLACIAL	SPRINGS	ENDEAVOR
SKIERS	IGLOOCRAFTING	AUGER
LINDSEY	IDENTITY	HILLSIDE
HEATER	TED	SENTENCE
INSULATED	ARCTIC-CIRCLE	EXPOSURE
DEGREE	MERIBEL	BIRGITEN
CAPABILITIES	SPELLBINDING	PLUNGE
WINDBREAKERS	ASTOUNDING	KEEN

Puzzle # 14

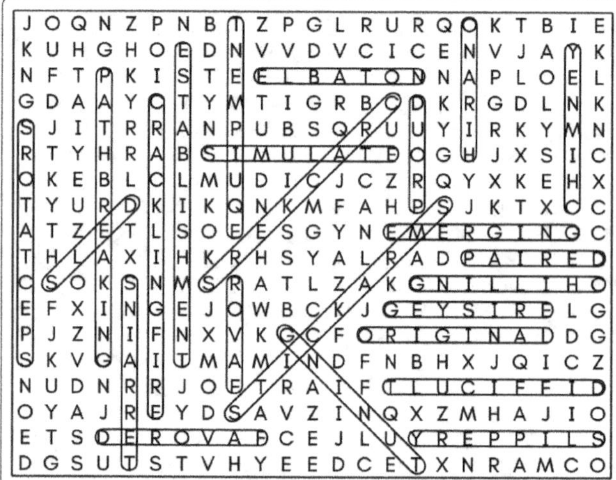

CHIMNEY	CRACKERS	ESTABLISHMENT
EMERGING	CRACKLINGFIRE	CHILLING
ORIGINAL	PATH-BREAKING	STICK-ARMS
HIRANO	TUNING	PAIRED
SLED	NOTABLE	SIMULATE
FAVOR	GEYSIRE	TERRAINS
SPECTATORS	SLIPPERY	EQUIPMENT
PROUD	DIFFICULT	FAVORED

Puzzle # 15

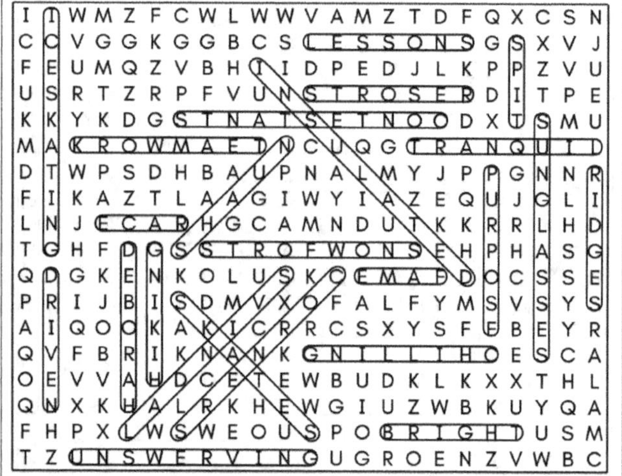

SNOWFORTS	INSULATED	DEBORAH
LESSONS	ICESKATING	TRANQUIL
CHILLING	DRIVEN	SKATES
RACE	RESORTS	FAME
TEAMWORK	HIKING	SHAUN
PURPOSE	CORNERS	RIDGES
BRIGHT	UNSWERVING	SUNGLASSES
SVINDAL	TIPS	CONTESTANTS

Puzzle # 16

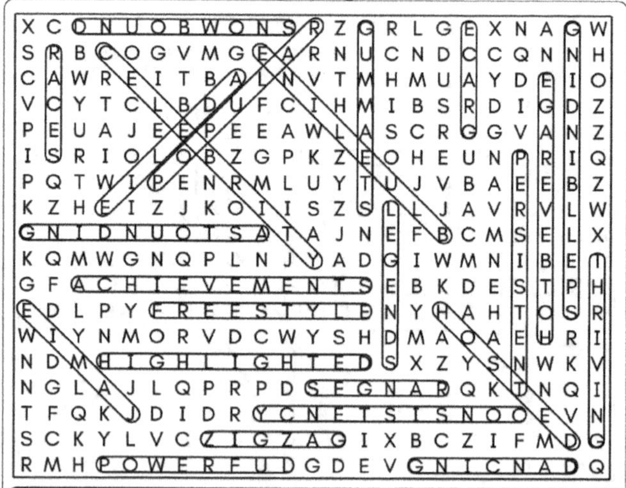

SNOWBOUND	ADELIE	HIGHLIGHTED
GRACE	HOTBEVERAGE	ZIGZAG
ACHIEVEMENTS	PERSISTENT	STEAMMUG
RANGES	POPULAR	CELEBRITY
BLUELINE	LEGENDS	RACES
SPELLBINDING	FREESTYLE	POWERFUL
ASTOUNDING	CONSISTENCY	DANCING
JAMIE	THRIVING	HOSTED

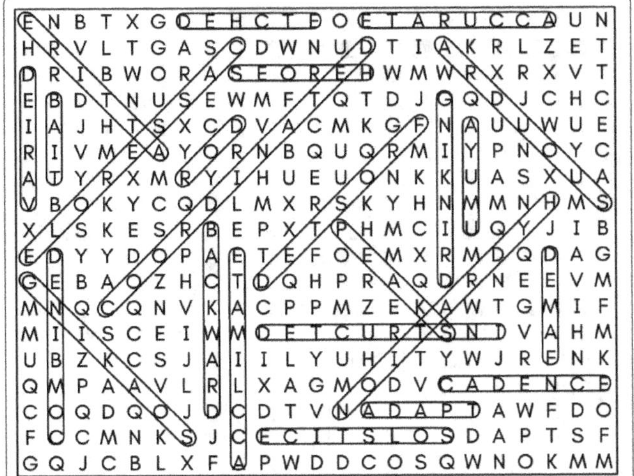

Puzzle # 17

SOLSTICE	CASSEROLE	ETCHED
BACKWARD	DRINKING	PEAKS
HYDRATION	INSTRUCTED	FROSTED
AYUMU	HEROES	COORDINATED
SOAKING	COMBINED	ARDUOUS
ADAPT	BAIT	ATTIRE
ACCURATE	VARIED	ROD
ACCLIMATE	CADENCE	FAMED

Puzzle # 18

AVALANCHE	STEERING	ENDURANCE
ASCEND	GLISTENING	GEYSIRE
OUTDOOR	RECOGNIZABLE	WILDERNESS
CHISEL	DEDICATED	METICULOUSLY
SIPPING	SWEDEN	TEAMS
SURVEYS	AXEL	WILDLIFE
PRESTIGIOUS	WHEELS	BARRIERS
MOTIVATION	FAMILIAR	COUNTERED

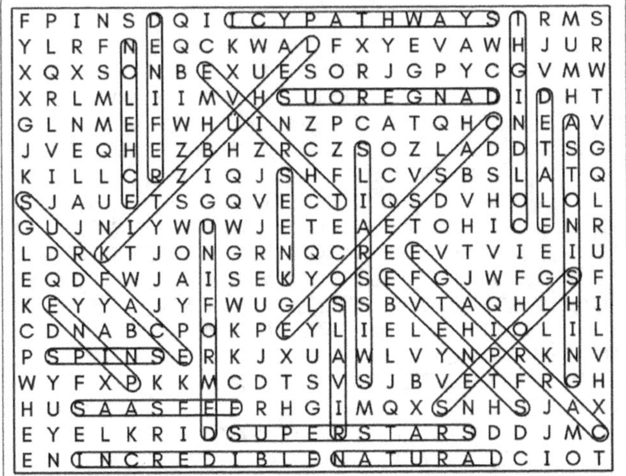

Puzzle # 19

PINE	COLDNIGHT	SLOPES
SUPERSTARS	SPINS	SWISSRAILS
ECHELON	RIVALS	ICYPATHWAYS
CASSEROLE	DANGEROUS	REFINED
CARRIAGE	KNEES	SURFACE
ASTONISHING	SAASFEE	THRIVE
EVENTS	UNIFORMED	NATURAL
KITZBÜHEL	INCREDIBLE	ELATED

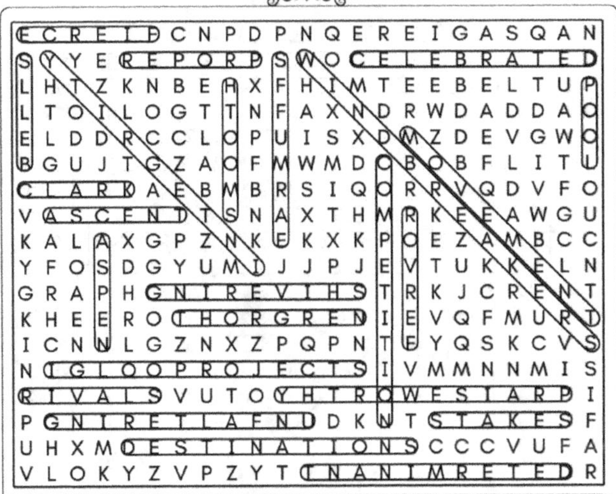

Puzzle # 20

EARMUFFS	WINDBREAKERS	THORGREN
PROPER	SHIVERING	COMPETITION
UNFALTERING	INTEGRITY	IGLOOPROJECTS
ASCENT	FIERCE	SMOOTH
BELLS	CELEBRATED	RIVALS
STAKES	ASPEN	DESTINATIONS
PRAISEWORTHY	DETERMINANT	POOL
CLARK	FERVOR	MOVEMENT

Puzzle # 21

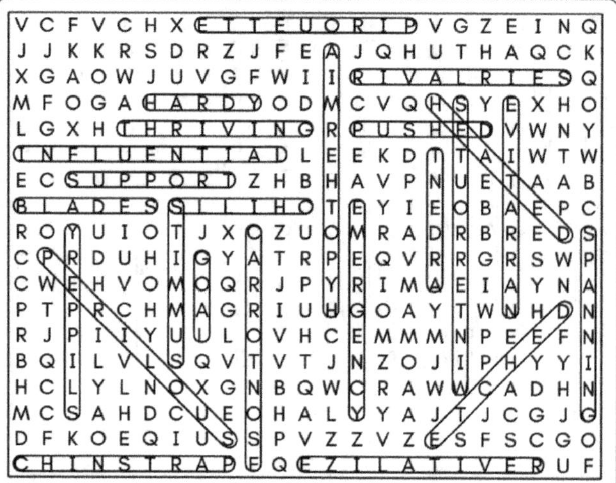

HYPOTHERMIA	SUMMITS	INFLUENTIAL
CHILLS	PIROUETTE	SUPPORT
EMERGENCY	NARRATIVE	CARROT-NOSE
PERILOUS	HARDY	BLADES
REVITALIZE	GOAL	THRIVING
ARDENT	CHINSTRAP	SPANNING
PUSHED	HEATED	WINTERROUTES
ETCHED	RIVALRIES	SLIPPERY

Puzzle # 22

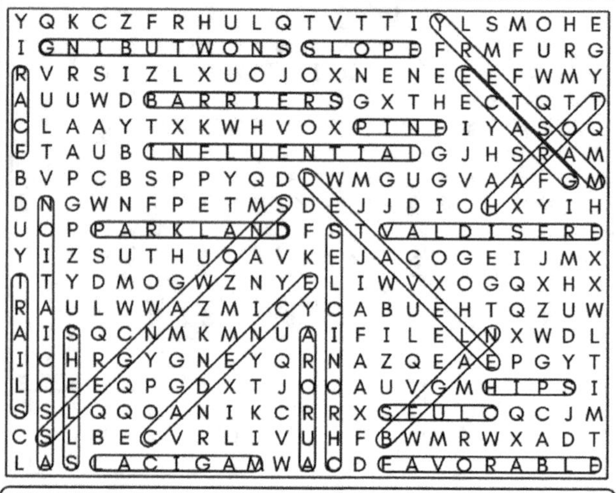

PINE	SHELLS	HIPS
INFLUENTIAL	SNOWTUBING	SLOPE
ASSOCIATION	CHRONICLES	SNOWANGELS
VALDISERE	BEGAN	GRACE
BARRIERS	AURORA	MASTERY
ELEVATED	CLUES	PARKLAND
MAGICAL	CADENCE	TRAILS
RACE	TORAH	FAVORABLE

Puzzle # 23

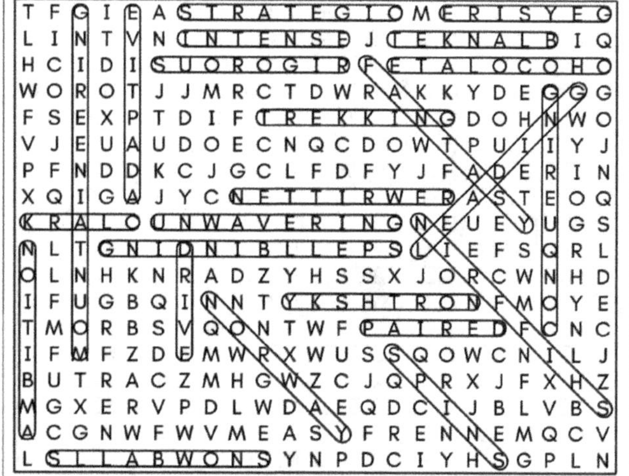

MOUNTAINEERING	GEYSIRE	DRIVE
LEADING	TREKKING	NORWAY
AMBITION	PAIRED	SNOWBALLS
NORTHSKY	SHIFFRIN	REWRITTEN
CHOCOLATE	FANTASY	CLARK
INTENSE	SPINS	RIGOROUS
CONQUERING	STRATEGIC	BLANKET
UNWAVERING	SPELLBINDING	ADAPTIVE

Puzzle # 24

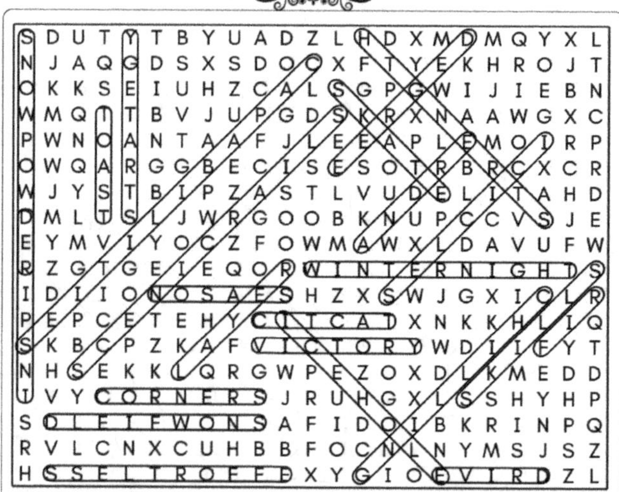

FIR	WINTER-NIGHT	ANDRE
SEASON	SNOWFIELD	SCENICRAILS
CHILLING	DEGREE	CORNERS
TOAST	SKILLS	INSPIRED
ICICLES	LAYER	CAPABILITIES
SKATE	SNOWPOWDER	VICTORY
EFFORTLESS	TACTIC	ICEHOLE
DRIVE	STRENGTH	STRATEGY

Puzzle # 25

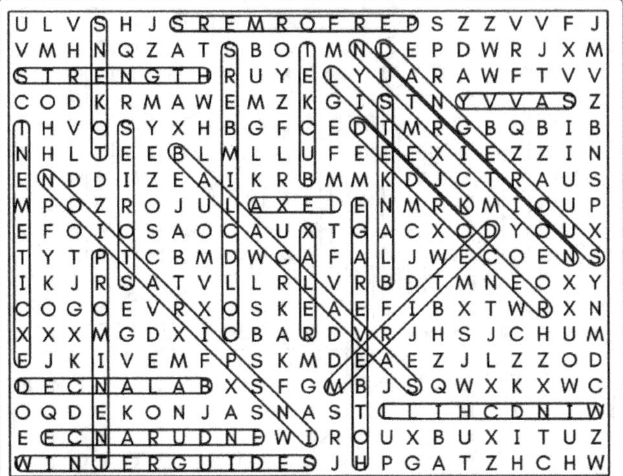

WINDCHILL	BALACLAVAS	PROMINENT
STORIES	WINTERGUIDES	RELAX
COLDCLIMBERS	RECORDED	HOTBEVERAGE
BUCKET	DANGEROUS	MERITED
AXEL	INSPIRATION	SAVVY
EXCITEMENT	TOKENS	ENDURANCE
NUTRITION	BALANCED	BLANKETS
KJETIL	STRENGTH	PERFORMERS

Puzzle # 26

TOQUE	COMBAT	ALASKA
SCHNEIDER	SNOWBOUND	AROSA
NORTHSKY	DEDICATED	CRYSTAL
JIBBING	YUKONROUTE	EXPERT
ICECARVING	POOL	FANTASY
SOCKS	COCOA	WELNESS
CHALLENGE	REGARD	MUGWARMER
SKIMMER	EFFORT	EXERTION

Puzzle # 27

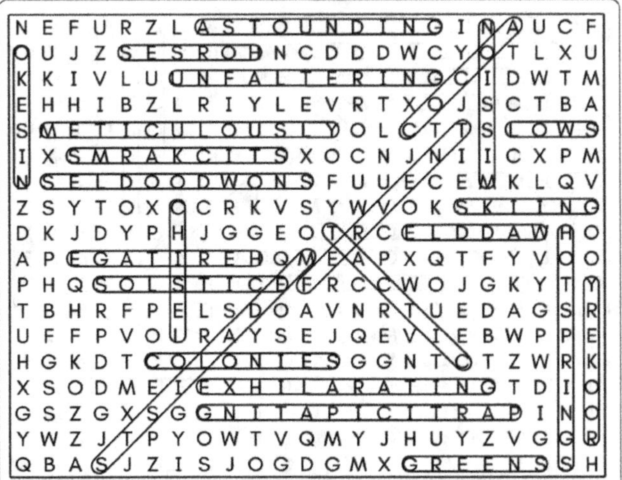

SOLSTICE	NISEKO	COLONIES
LOWS	SKIING	HOTSPRINGS
MISSION	HERITAGE	SNOWDOODLES
CHISEL	EXHILARATING	ASTOUNDING
COCOA	GREENS	MEDALISTS
METICULOUSLY	STICK-ARMS	WADDLE
UNFALTERING	FERVENT	HORSES
ROOKERY	PARTICIPATING	TACTIC

Puzzle # 28

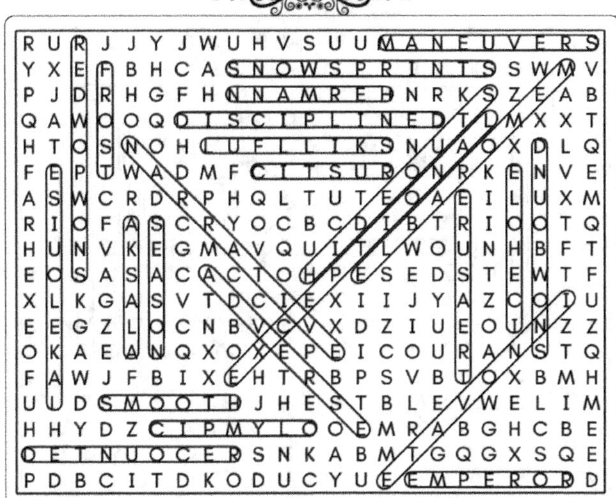

FROST	LAKELOUISE	INNOVATE
DISCIPLINED	SNOWBOUND	SNOWPOWDER
HERMANN	SEASON	SNOWSPRINTS
ICEHOLE	SKILLFUL	ADVERSE
TREASURE	ALASKA	MEMORABLE
NARRATIVE	HIDEOUTS	EMPEROR
MANEUVERS	SMOOTH	RUSTIC
OLYMPIC	EXCEPTIONAL	RECOUNTED

Puzzle # 29

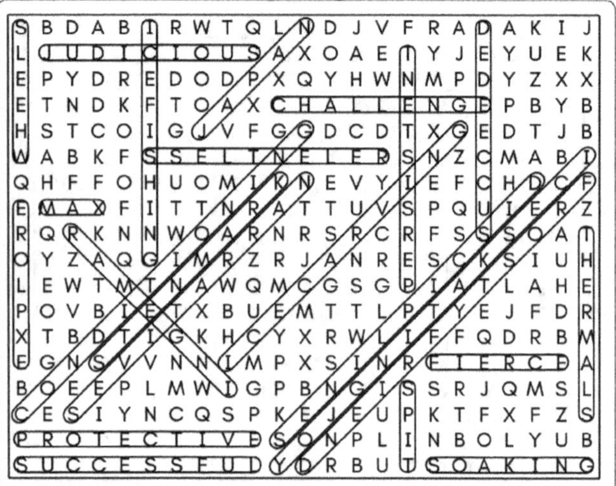

FROSTYFRIEND	ICE-FISHING	FIERCE
PERSISTENT	ICECARVING	CHALLENGE
EXPLORE	PROTECTIVE	ICESKATINGJOY
RELENTLESS	TIPS	WHEELS
THERMALS	INGEMAR	CONDITIONING
JUDICIOUS	JAPAN	STENMARK
SUCCESSFUL	SUCCEEDED	SOAKING
MAX	DISCIPLINES	NARRATIVES

Puzzle # 30

TUNDRA	BALACLAVAS	PURSUE
TRIUMPHS	CLIMBING	VALDISERE
ENDEAVOR	CONDITIONING	SNOWANGELS
ICE-FISHING	TRAVERSE	GUIDELINES
HOTCOCOA	DEPTHFINDER	CLIMB
ROUTINES	WINDBREAKER	GATES
HERMANN	TESTIMONIES	STRATEGIES
FREEZE	BOARDING	READY

Puzzle # 31

AVALANCHE	FUN	CABLECARS
EXCITEMENT	SNOWY	RAILS
TIPS	DIVERSE	SNOWCRICKET
NORWAY	TALENTS	DEGREE
TRIPLES	ANGLES	SUPINE
INTEGRITY	MITTENS	BEGAN
COMMITMENT	UNIQUE	RIDDLES
VETERANS	FEATURE	WHEELS

Puzzle # 32

TWIZZLE	HIPS	PREPARE
REFINED	SPORT	ICY
HARNESS	TESTIMONIES	MAMMOTH
FREEZE	INVENTION	UNPREDICTABLE
SOAK	RUGGED	OUTCOMES
EFFORTS	PREDATOR	VRENI
PROFICIENT	CONTESTANTS	MIDNIGHT
FROSTYFEATS	FACED	CAMPS

Puzzle # 33

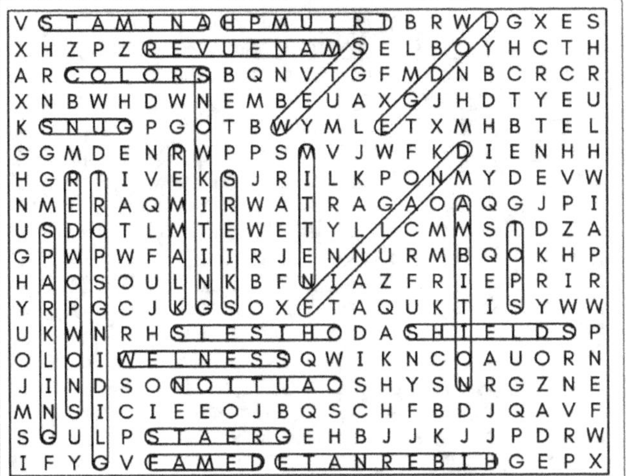

MITTEN	MANEUVER	FINLAND
TRIUMPH	SPARKLING	LODGE
CHISELS	STAMINA	HIBERNATE
SNUG	CAUTION	GREATS
GLIDINGSPORT	SNOWPOWDER	STEW
SKIERS	SNOWKITING	WELNESS
AMBITION	TOPS	SHIELDS
COLORS	KLAMMER	FAMED

Puzzle # 34

WINTERIZED	ANTARCTICA	PAERSON
ROUTINES	SIPPING	NORDICRAILS
CHAMPIONS	PATH-BREAKING	RIDDLES
FOOTPATH	SUPERIOR	EXECUTION
HILLSIDE	SPEED	SURFACE
MARGINALLY	MINERAL	RESOLVE
ESSENTIALS	ADEQUATE	POLARSHADOWS
SCHNEIDER	REGIONS	NARRATIVES

Puzzle # 35

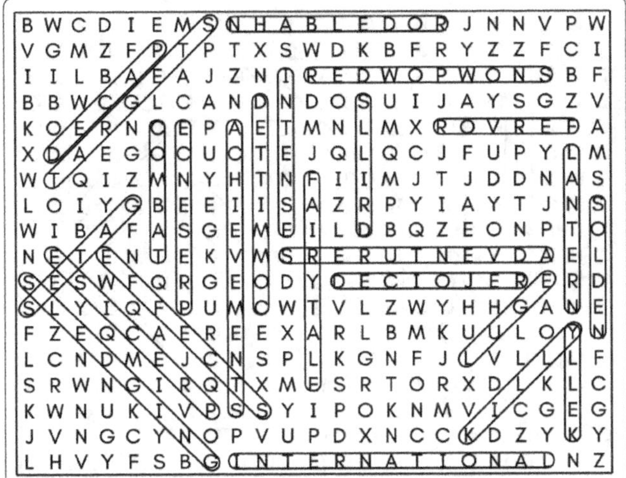

RODELBAHN	GATES	LUGE
FERVOR	COMBAT	KILLY
COMMITTED	REJOICED	TARGETS
SLEDGING	PRECISE	DRILLS
LANTERN	FAIRYTALE	INTERNATIONAL
INTENSE	SOLDEN	KELLY
ADVENTURERS	EFFECTS	SNOWPOWDER
ACHIEVEMENTS	PRESENCE	PACED

Puzzle # 36

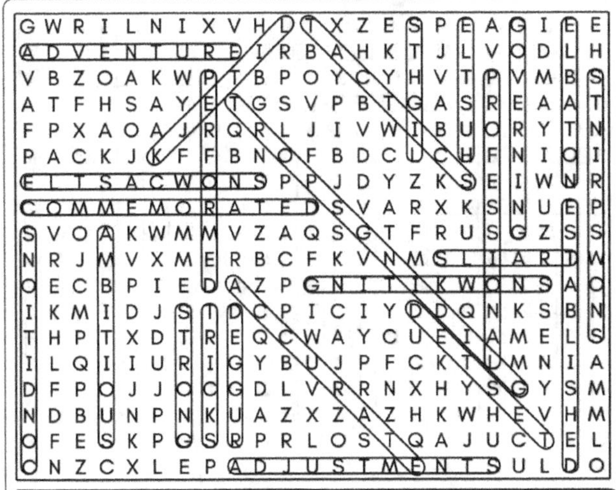

GLIDINGSPORT	TRICKS	KJETIL
ESTABLISHED	SNOWKITING	LIGHTS
NOTABLE	COMMEMORATED	SNOWCASTLE
PROFESSIONAL	STRONG	CONDITIONS
SNOWSPRINTS	GOVERNING	TESTED
ACCURATE	TRAILS	HUSTLE
TACTICS	ADJUSTMENTS	ADVENTURE
RUGGED	AMBITIOUS	PERFORMED

Puzzle # 37

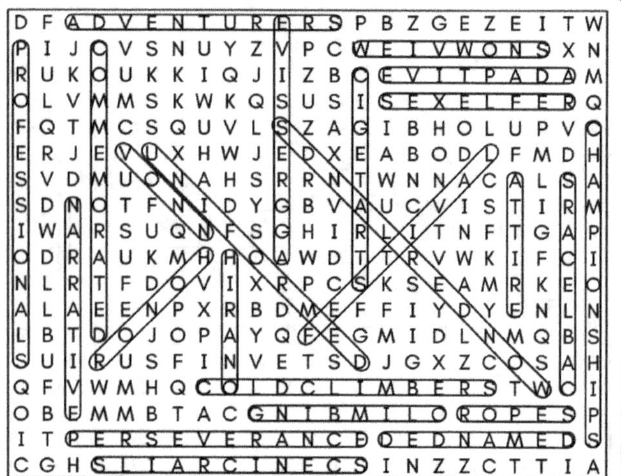

CLIMBING	VONN	COLDCLIMBERS
DEMANDED	SNOWVIEW	WONDERLANDS
ROPES	UNIFORMED	SCENICRAILS
CABLECARS	CHAMPIONSHIPS	STRATEGIC
FESTIVAL	HIRANO	COMMEMORATED
AGGRESSIVE	REFLEXES	PROFESSIONALS
ADVENTURERS	ADAPTIVE	PERSEVERANCE
ATTIRE	NARRATIVE	HONOR

Puzzle # 38

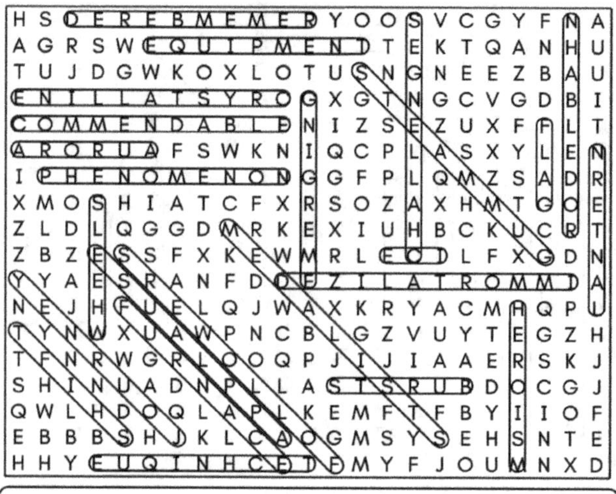

RODELBAHN	PHENOMENON	MEDALISTS
REMEMBERED	FURNACE	ICE
BURSTS	APPLAUSE	STEAMMUG
JOURNEY	IMMORTALIZED	FOLLOWERS
LANTERN	CRYSTALLINE	COMMENDABLE
EMERGING	EQUIPMENT	TECHNIQUE
CHALLENGES	WHEELS	AURORA
FLAG	HEROISM	SHIFT

Puzzle # 39

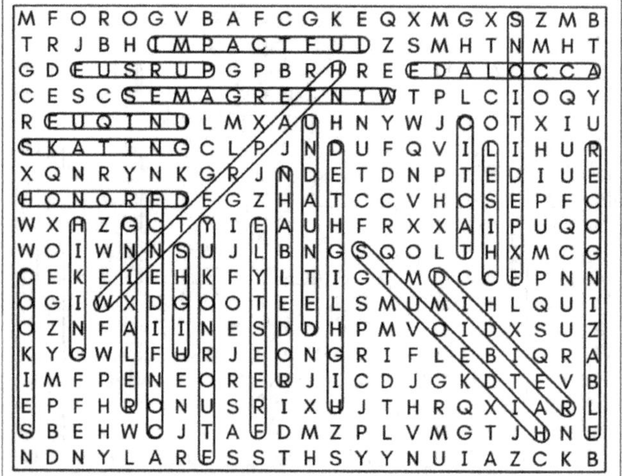

RODELBAHN	CHISEL	HONORED
RECOGNIZABLE	EXPEDITIONS	YUKONROUTE
RELAXING	UNDAUNTED	WINTERGAMES
COOKIES	HIGHLIGHTED	ACCOLADE
HIDEOUTS	PURSUE	SKATING
UNIQUE	WINTERPATH	HIKING
HIGHS	CONFIDENCE	FREESTYLE
DIDIER	IMPACTFUL	TACTIC

Puzzle # 40

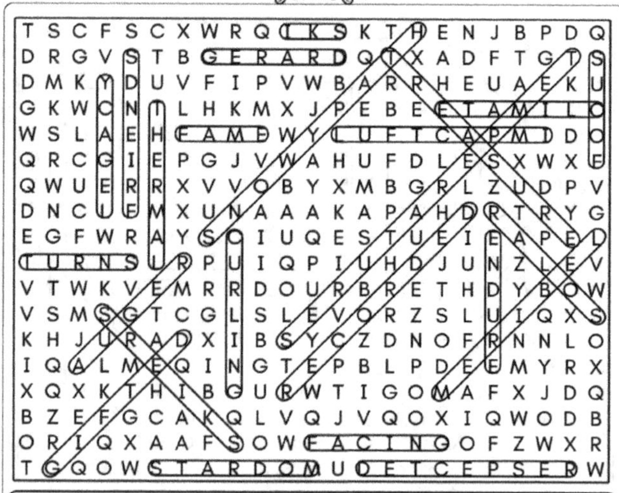

THERMAL	SNOWY-PATH	GERARD
SKIERS	CURLING	TURNS
TEMPERATURES	FAME	TREASURE
FOCUS	ENDURE	RECORDED
MERIBEL	LEGACY	SKI
RESPECTED	AUGER	STARDOM
CLIMATE	FRIENDS	SOLAR
GIFTED	IMPACTFUL	FACING

Puzzle # 41

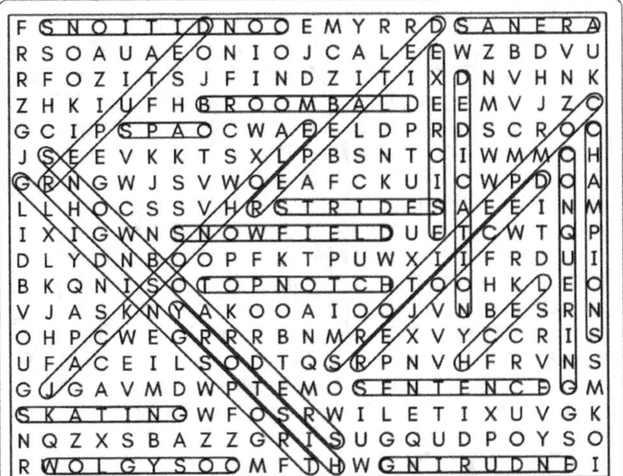

SNOWFIELD	CAPS	HISTORY
CONQUERING	GLIDINGSPORT	DEDICATION
ARENAS	REPEATED	COSYGLOW
CHAMPIONS	SNOWBOARDERS	SENTENCE
BROOMBALL	COMPETITORS	STRIDES
TOP-NOTCH	LECH	ENDURING
EXERCISE	REJOICED	JACKSONHOLE
SKATING	CONDITIONS	REPUTED

Puzzle # 42

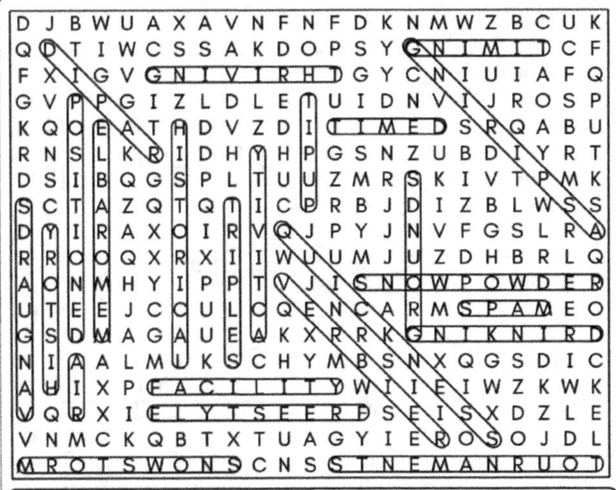

SNOWSTORM	SNOWPOWDER	AIR
TOURNAMENTS	DRINKING	TIP-UP
VANGUARDS	GROUNDS	TRIPLES
ACTIVITY	MEMORABLE	THRIVING
QUICKNESS	MAPS	ASPIRING.
HISTORICAL	VERBIER	TIMED
HISTORY	POSITIONED	FREESTYLE
RAPID	FACILITY	TIMING

Puzzle # 43

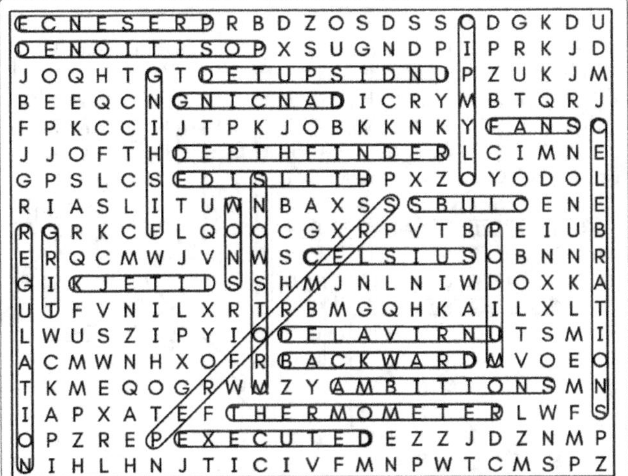

SNOWSTORM	FISHING	PODIUM
CLUBS	CELSIUS	DANCING
UNDISPUTED	CELEBRATIONS	SNOW
OLYMPIC	FANS	UNRIVALED
HILLSIDE	REGULATION	AMBITIONS
BACKWARD	DEPTHFINDER	GRIT
POSITIONED	EXECUTED	THERMOMETER
KJETIL	PRESENCE	PERFORMERS

Puzzle # 44

CRYSTAL	NORWAY	VALLEY
UPKEEP	WINTERGAMES	GREENS
ELEVATE	PAIRED	STRATEGIES
ADELIE	INSPIRING	REWARD
SHELLS	BIRGITEN	NUANCES
STAKES	SNOWPOWDER	MAPS
DESCEND	MOVEMENT	ROD
BROTHS	KNOWLEDGEABLE	ELEVATIONS

Puzzle # 45

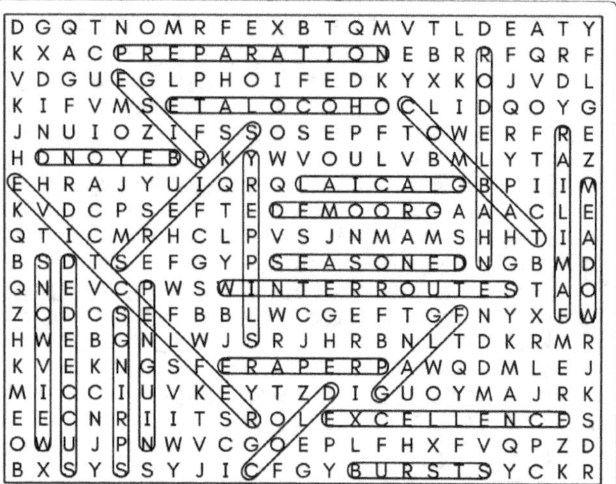

GLACIAL	SPRINGS	EXCELLENCE
SKIERS	RODELBAHN	PENGUIN
RISE	GROOMED	CHOCOLATE
COLD	BURSTS	FAMILIAR
COMBAT	WINTERROUTES	SEASONED
PREPARATION	SNOWVIEW	REFLECTIVE
PREPARE	SLIPPERY	MEADOW
FLAG	BEYOND	SUCCEEDED

Puzzle # 46

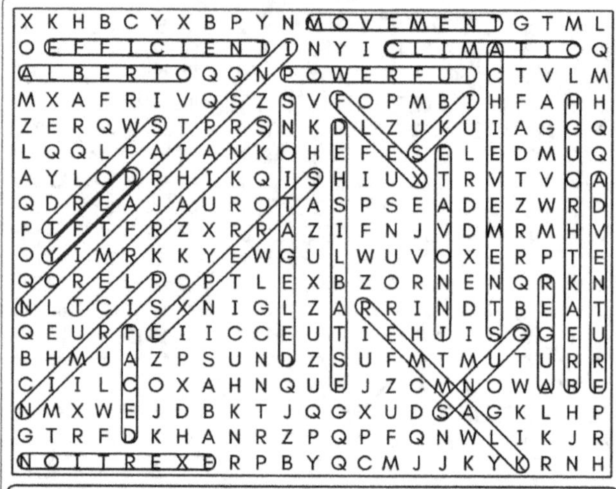

SPORT	INNOVATE	DEFY
EFFICIENT	ADVENTURE	ALBERTO
TERRAINS	FACED	SNUG
PIRMIN	SKI	CLIMATIC
AUGER	KLAMMER	DELEGATIONS
FLEX	INSPIRATION	POWERFUL
EXPERTS	EXERTION	BREAKTHROUGH
ACHIEVEMENTS	ESTABLISHED	MOVEMENT

Puzzle # 47

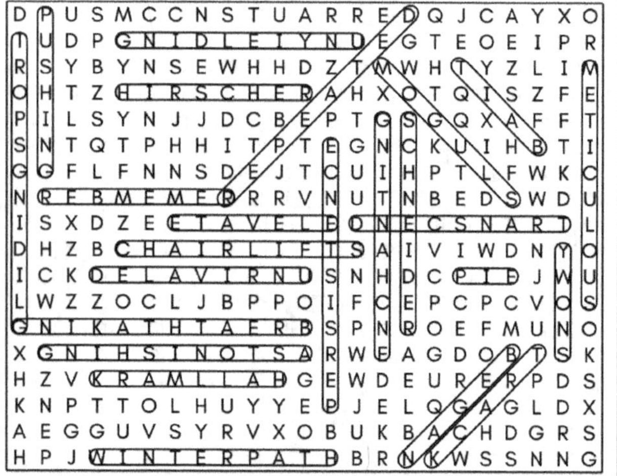

SNOWY	BREATHTAKING	BEGAN
REPEATED	GLIDINGSPORT	PIE
CHAIRLIFTS	METICULOUS	WINTERPATH
UNYIELDING	ELEVATE	HALLMARK
ENCHANTING	PERSISTENCE	PUSHING
UNRIVALED	MOGULS	HIRSCHER
TRACK	ASTONISHING	BAIT
SCHNEIDER	TRANSCEND	REMEMBER

Puzzle # 48

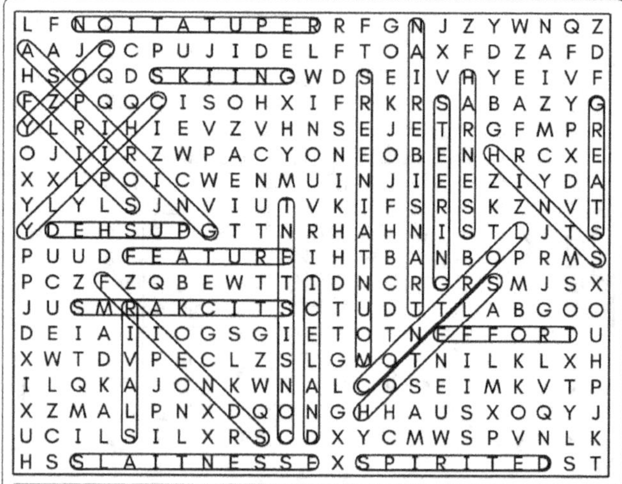

CHILLY	ICELAND	ASPIRING.
REPUTATION	SKIING	TRANSIBERIAN
MOUNTAINEERS	CONSISTENT	STICK-ARMS
SPIRITED	HARNESS	RIVALS
HINTS	EFFORT	GREATS
FEATURE	STEERING	COZY
CONTROL	PUSHED	FLIPS
HOTELS	ESSENTIALS	FRIENDS

Puzzle # 49

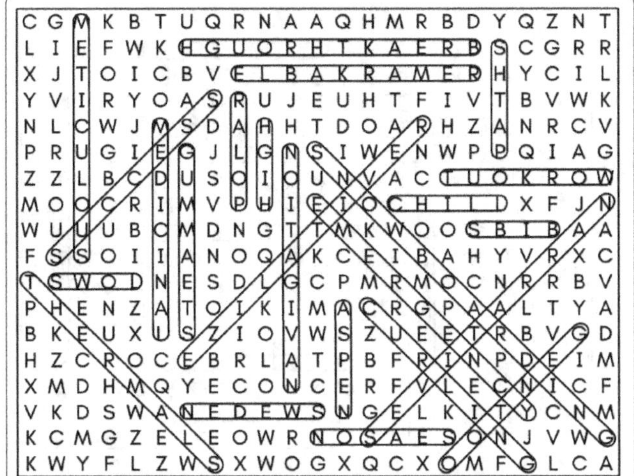

SNOWBOARDING	ASPEN	SUCCESS
EMERGENCY	STEAMMUG	MEDICINAL
BREAKTHROUGH	WORKOUT	CURLING
REVITALIZE	NAVIGATION	METICULOUS
PATHS	SWEDEN	REMARKABLE
HIGH	THERMALS	GENTOO
POLAR	SEASON	BIBS
CHILL	LOWS	NARRATIVES

Puzzle # 50

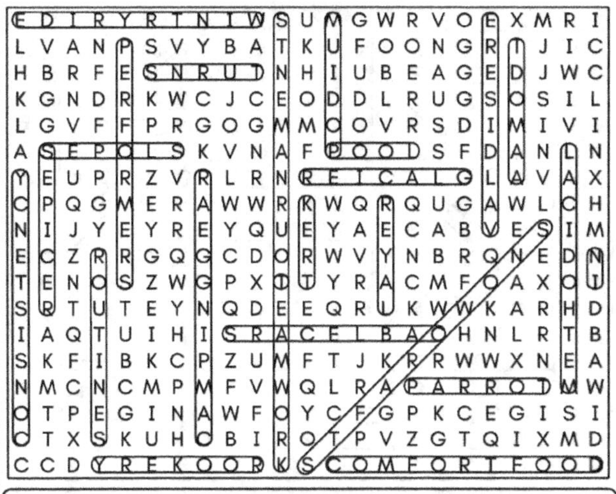

CAMPINGGEAR	VALDISERE	AAMODT
TOURNAMENTS	SNOWCRAFTS	POOL
PODIUM	METHODICAL	COMFORTFOOD
ROOKERY	SLOPES	IN
RECIPES	TURNS	CABLECARS
ROUTINES	TEAMWORK	LAYER
PARROT	CONSISTENCY	WINTRYRIDE
TREK	GLACIER	PERFORMERS

Puzzle # 51

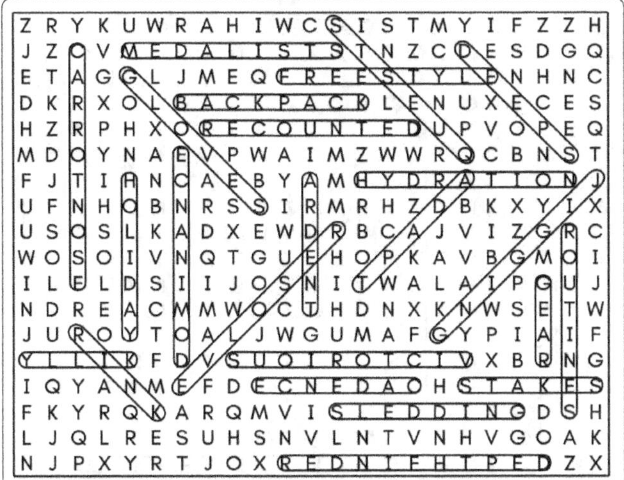

SLEDDING	SPEED	HOLIDAY
CADENCE	CARROT-NOSE	RESOLVE
QUESTS	RINK	GLOVES
BACKPACK	GEAR	ARDENT
FREESTYLE	KILLY	DOMINANCE
STAKES	DEPTHFINDER	MEDALISTS
HYDRATION	RECOUNTED	JIGGING
VICTORIOUS	ROUTINES	ADAPT

Puzzle # 52

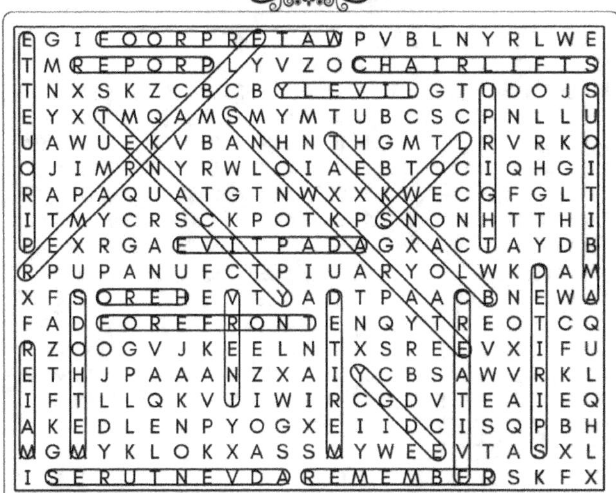

SNOWKARATE	TENACITY	AMBITIOUS
MERITED	PIROUETTE	HERO
ADVENTURES	PROPER	WATERPROOF
SPIRITED	REMARKABLE	LIVELY
BLANKET	MAIER	LOWS
EDGY	CREATIVE	VRENI
METHODS	ADAPTIVE	UPRIGHT
CHAIRLIFTS	FOREFRONT	REMEMBER

Puzzle # 53

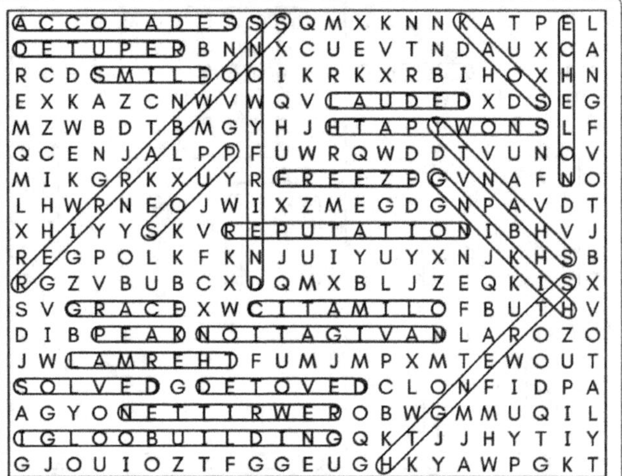

THERMAL	SHANTY	NAVIGATION
LAUDED	IGLOO-BUILDING	SNOWY-PATH
ACCOLADES	DEVOTED	SMILE
SOUP	ECHELON	CLIMATIC
SNOWYFRIEND	FREEZE	STRENGTH
REWRITTEN	SNOWBARRIER	PEAK
REPUTATION	SOLVED	SOAK
HIKING	GRACE	REPUTED

Puzzle # 54

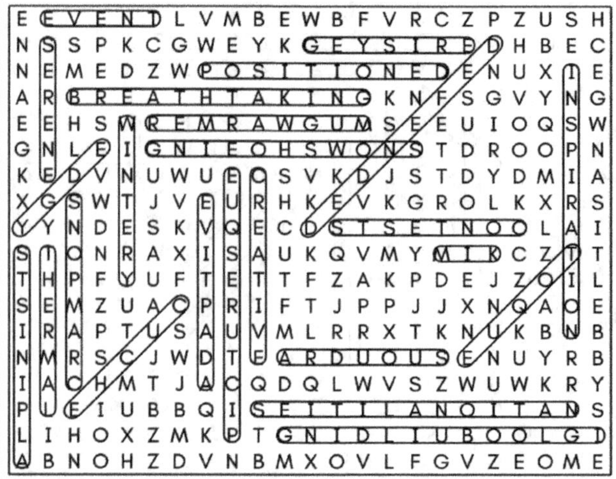

TOQUE	GEYSIRE	CRAMPONS
NATIONALITIES	THERMAL	BREATHTAKING
CUCHE	ARDUOUS	SNOWSHOEING
EVENT	PICTURESQUE	POSITIONED
IGLOO-BUILDING	CREATIVE	KIM
DEFENDED	MUGWARMER	INSPIRATION
ALPINISTS	EDGY	SERENE
WINTERY	CONTESTS	ADAPTIVE

Puzzle # 55

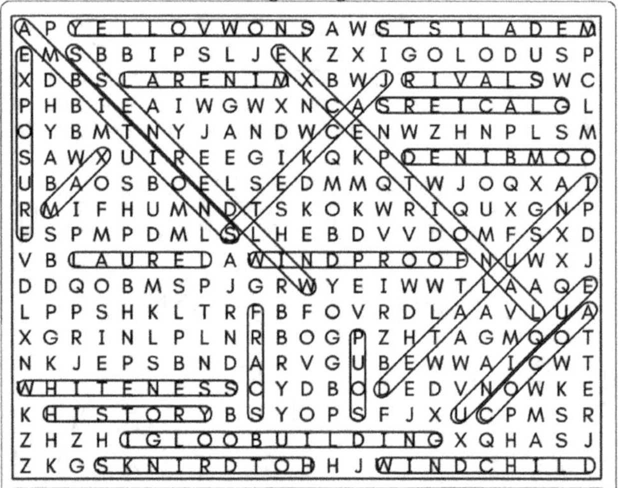

SCARF	COCOA	GLACIERS
EXCEPTIONAL	WINDCHILL	JACKETS
WINDPROOF	COMBINED	WHITENESS
INSULATED	MEDALISTS	HISTORY
IGLOO-BUILDING	MINERAL	LAUREL
AMBITIONS	WILDERNESS	SOUP
MAX	RIVALS	SNOWVOLLEY
HOTDRINKS	EXPOSURE	UNIQUE

Puzzle # 56

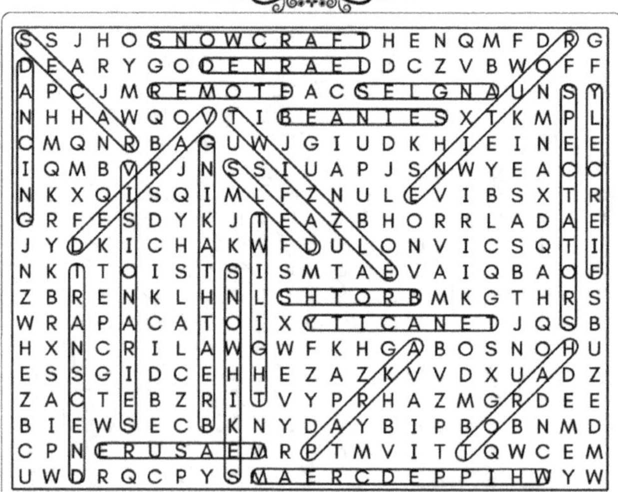

PARKA	SLED	TENACITY
FIERCELY	SNOWCRAFT	DANCING
TWILIGHT	SPECTATORS	WHIPPEDCREAM
BREATHTAKING	TORAH	MEASURE
TWIZZLE	SNOW-HIKES	RACES
LEARNED	REMOTE	BROTHS
VISIONARIES	ROUTINE	BEANIES
ANGLES	TRANSCEND	VARIED

Puzzle # 57

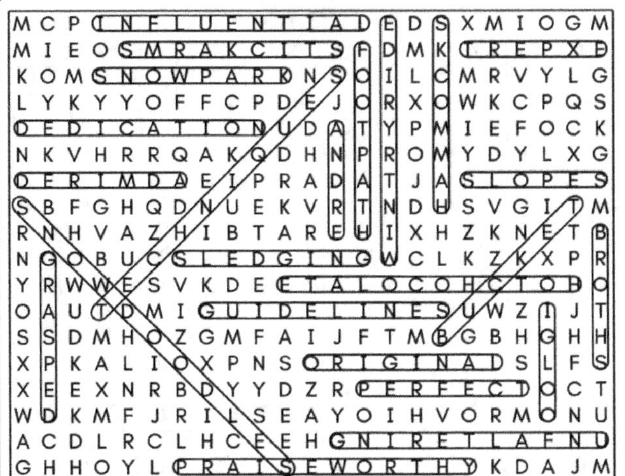

IGLOO	SNOWPARK	SLOPES
ORIGINAL	SNOWDOODLES	BUCKET
SLEDGING	ADMIRED	HOTCHOCOLATE
FOOTPATH	UNFALTERING	PRAISEWORTHY
STICK-ARMS	BROTHS	INFLUENTIAL
GRASPED	HAMMOCKS	DEDICATION
TECHNIQUES	GUIDELINES	WINTRYRIDE
ANDRE	EXPERT	PERFECT

Puzzle # 58

TOBOGGANING	QUEST	IMPACTFUL
STORIED	HATS	HOLIDAY
ADEPT	PRAISED	YUKONROUTE
STRONG	LESSONS	COUNTERED
FANTASY	HISTORY	FAME
COORDINATED	RAPID	CROSS-COUNTRY
SURPASS	BATTLEGROUNDS	FOCUS
BEYOND	UNFORGETTABLE	EXEMPLARY

Puzzle # 59

SNOWBOXING	ICEHOUSE	RUGGED
SEASONED	DRINKING	WILDLIFE
ANDRE	MAPPING	BLUELINE
GALLEREY	HOLIDAY	TRAVERSING
STICK-ARMS	SOUP	WHITE
TUNING	BALACLAVAS	BALANCE
KELLY	LEARNED	NATURAL
OVERCOME	CLARK	FIELD

Puzzle # 60

SNOWFOOTBALL	CASSEROLE	DISCIPLINED
FAVORITES	RECIPES	SLALOM
LUGE	WIZARDS	GLOVES
MISSION	WIDESPREAD	SPELLBINDING
REINS	ANDRE	INVOLVED
ACHIEVEMENT	CARVING	PERFORMANCE
LUGING	WHEELS	SHELTERS
BRIGHT	RECREATIONAL	PERFORMERS

Puzzle # 61

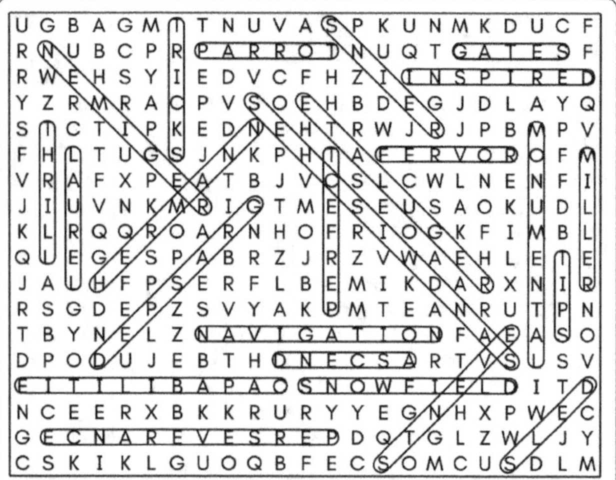

SNOWFIELD	FERVOR	THRILL
NAVIGATION	TRICKS	INSPIRED
ASCEND	LAUREL	GATES
SLED	GRASPED	EVENTS
MILLER	MONUMENTAL	PERFECT
REGIMEN	PARROT	PERSEVERANCE
REINS	REGULATE	TIPS
HERMANN	SANDWISCHES	CAPABILITIE

Puzzle # 62

ICEBOUND	RIDING	FOCUS
ADVENTURERS	SNOWFIELD	ICEHOUSE
JEAN-CLAUDE	EDGE	FROSTYFACE
SKY	RIDERS	WIZARDS
QUICKNESS	COOKIES	STANDING
ENGAGE	SKIS	UPRIGHT
NAVIGATE	ELATED	DOLOMITES
DETERMINATION	DESCEND	TIMING

Puzzle # 63

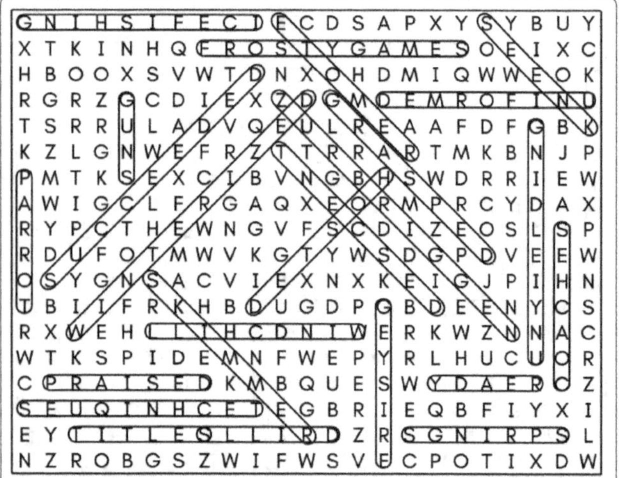

WINDCHILL	GEYSIRE	ZURBRIGGEN
PRAISED	WINTERIZED	ICE-FISHING
TITLES	DRILLS	FROSTYGAMES
SKIMMER	PARROT	UNIFORMED
SNUG	KNEES	COACHES
HOSTED	REMOTE	UNYIELDING
TECHNIQUES	SUCCEEDED	SPRINGS
DESCENT	GRASPED	READY

Puzzle # 64

WHITENESS	MEADOW	EFFORTLESS
EXCITEMENT	SNOWFORTS	SAASFEE
MOUNTAINEERS	PERFECT	SNOWBOXING
MONUMENTAL	NUANCES	REWARD
JACKETS	PRECISION	UPKEEP
HEATED	SHELLS	PASSION
SOCKS	REPLAYS	RUSTIC
CROWNED	APPLAUSE	ELEVATIONS

Puzzle # 65

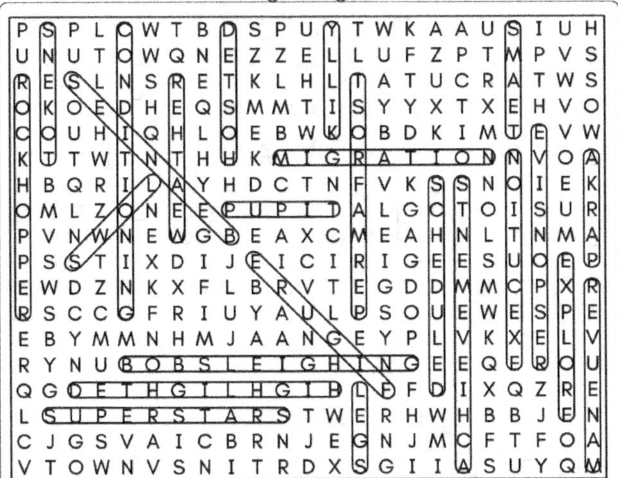

PARKA	TIP-UP	FIGURE
CONDITIONING	PERMAFROST	ROCKHOPPER
TEAMS	SUPERSTARS	BOBSLEIGHING
MIGRATION	EXPLORE	EXECUTION
MANEUVER	KILLY	LOWS
RESPONSIVE	TOKENS	HIGHLIGHTED
LEGS	SCHEDULED	BEANIES
ACHIEVEMENTS	WEATHER	HOSTED

Puzzle # 66

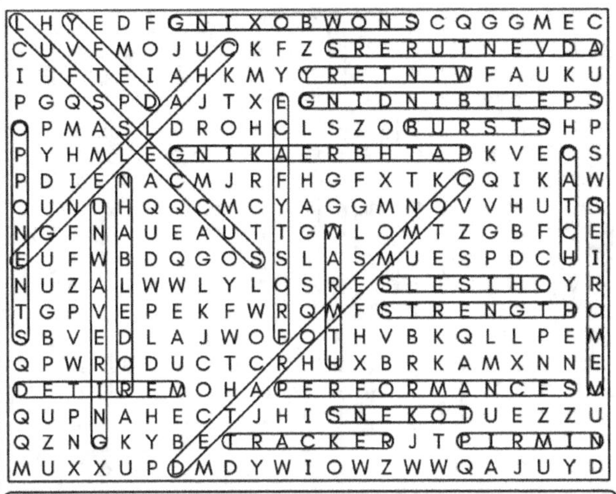

RODELBAHN	CHISELS	PERFORMANCES
STRENGTH	SNOWBOXING	TRACKER
BURSTS	MERITED	FROSTYFACE
CHALLENGE	DEFY	SUCCESSFUL
WARMTH	UNWAVERING	COMMEMORATED
SPELLBINDING	TOKENS	WINTERY
MEMORIES	PATH-BREAKING	CATCH
PIRMIN	ADVENTURERS	OPPONENTS

Puzzle # 67

SNOWY	PLUNGE	BODE
WEATHER	CRYSTAL	SCOOPER
FRANZ	PROFICIENT	AXEL
SPEED	COMPETITORS	APPLAUSE
COAL-EYES	TURNS	MCMORRIS
HAILED	SNOWGLOBE	SHARP
FIGURE	DEMONSTRATED	SNOWBOARDS
DESCENT	TRANSCEND	ELATED

Puzzle # 68

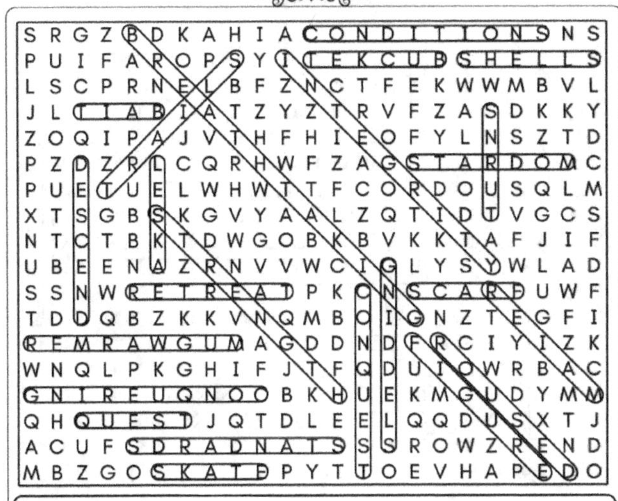

SCARF	BAIT	AKSEL
CONDITIONS	SLEDDING	BUCKET
MAIER	STRENGTH	MUGWARMER
BREATHTAKING	STARDOM	CONQUERING
TRAILS	TURNS	FIGURE
ROUSED	RETREAT	QUEST
STANDARDS.	INTEGRITY	SHELLS
CONQUEST	DESCEND	SKATE

Puzzle # 69

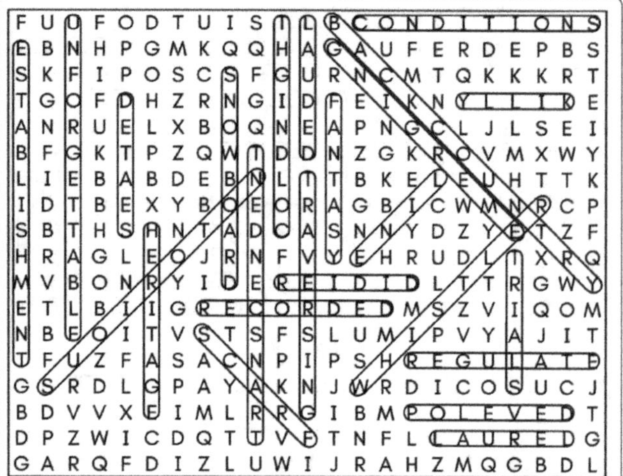

SCARF	FANTASY	HERITAGE
LAUDED	WHISTLER	KILLY
DEVELOP	UNFORGETTABLE	SNOWBOARD
DIDIER	ESTABLISHMENT	SEATED
BACKCOUNTRY	LAUREL	CONDITIONS
REGULATE	LINE	TRIALS
RECORDED	EMERGING	COLDNIGHT
TRAVERSING	TRANSCENDENT	NOTORIOUS

Puzzle # 70

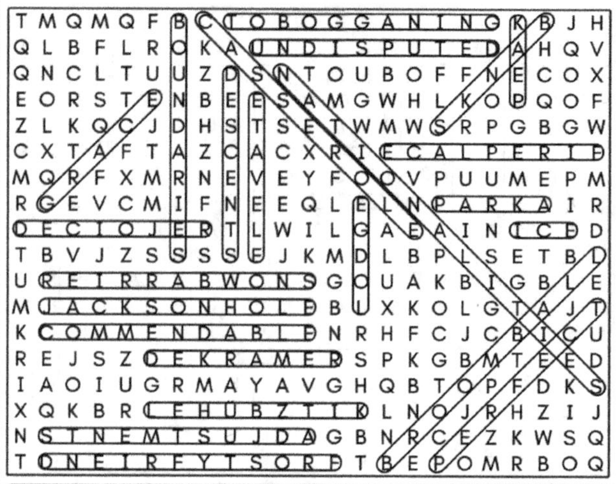

PARKA	LODGE	KITZBÜHEL
COMMENDABLE	TOBOGGANING	JACKSONHOLE
UNDISPUTED	REMARKED	FROSTYFRIEND
ICE	ELEVATE	GRACE
FIREPLACE	CASSEROLE	BOUNDARIES
REJOICED	BROOMBALL	DESCENTS
BANKS	PERFECT	SNOWBARRIER
PEAK	NATIONALITIES	ADJUSTMENTS

Puzzle # 71

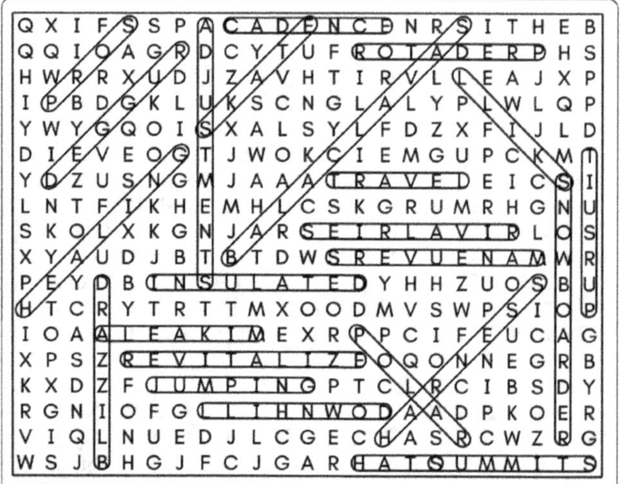

BLIZZARD	HEALING	MIKAELA
TRAVEL	HATS	REVITALIZE
MANEUVERS	PURSUIT	BALACLAVAS
PREDATOR	HARNESS	RIVALRIES
INSULATED	SKILL	JUMPING
CADENCE	SNOWBOARDER	RUGGED
PROS	SKATE	DOWNHILL
SUMMITS	POLAR	ADJUSTMENTS

Puzzle # 72

LANTERN	SNOWSHOED	ETCHED
ENVIRONMENT	LECH	HIRSCHER
ACCOMPLISHMENT	PAIRED	SOLAR
DISCIPLINED	ADMIRED	UNRIVALED
COLDNIGHT	ECHELON	ARDUOUS
BACKWARD	CRACKERS	ELEVATION
REMARKED	INSTRUCTED	BROTHS
SKI	METICULOUS	UNFAVORABLE

Puzzle # 73

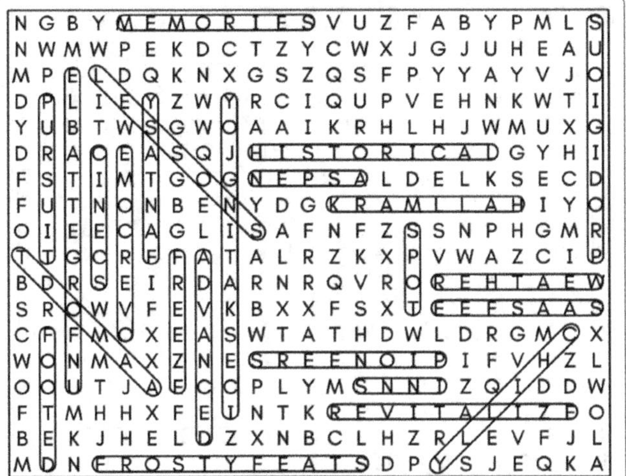

CHILLY	REVITALIZE	PRODIGIOUS
PURSUIT	INNS	FANTASY
ADVANCED	TOPS	ICESKATINGJOY
FREEZE	MEMORIES	HISTORICAL
ASPEN	OVERCOME	LESSONS
UNFORGETTABLE	SAASFEE	AAMODT
PIONEERS	HALLMARK	SCENIC
FROSTYFEATS	WEATHER	FOOTED

Puzzle # 74

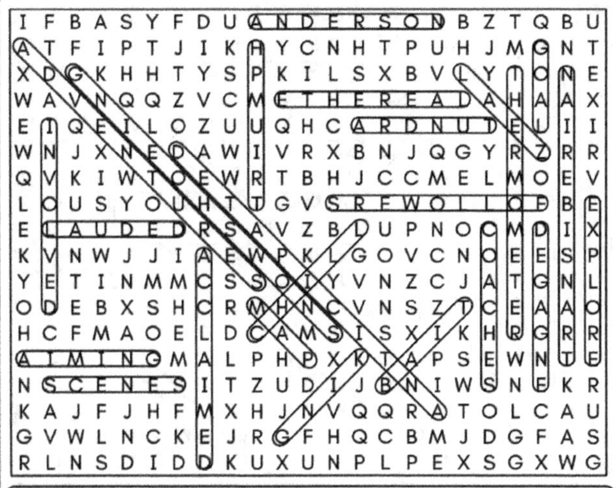

TUNDRA	ETHEREAL	INVOLVED
LAUDED	SNOWSHOEING	CHILL
COACHES	FOLLOWERS	BAIT
MAP	ADVENTURES	ZEAL
THERMOMETER	TRIUMPH	AIMING
SCENES	KING	ACCLAIMED
GOAL	ENGAGED	TRANSIBERIAN
ANDERSON	EXPLORE	ANTICIPATED

Puzzle # 75

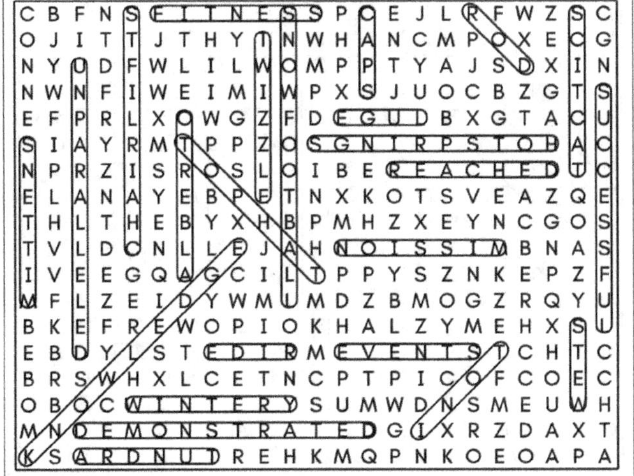

TUNDRA	HOTSPRINGS	ALBERTO
UNPARALLELED	SNOWFOOTBALL	ROD
TONI	EVENTS	TWIZZLE
CAPS	CHAIRLIFTS	KNOWLEDGE
TOP-HAT	STEW	FITNESS
SUCCESSFUL	MITTENS	MISSION
TACTICS	REACHED	RIDE
WINTERY	LUGE	DEMONSTRATED

Puzzle # 76

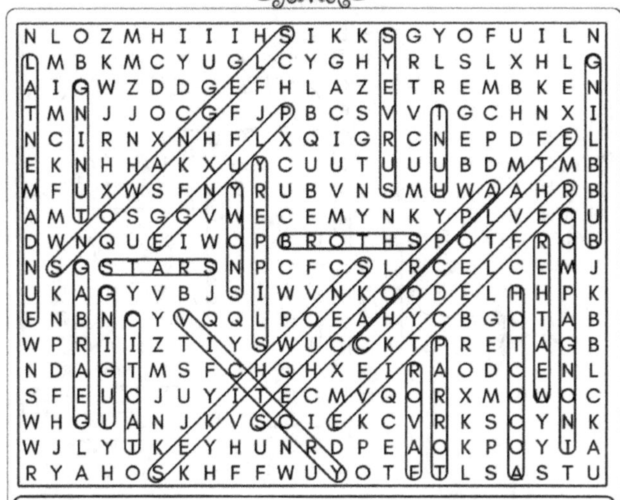

SNOWY	BUBBLING	COMPAGNONI
WEATHER	SNOWANGELS	PLUNGE
STARS	FUNDAMENTAL	HOTCOCOA
REFLECTIVE	PARROT	SURVEYS
CHOCOLATE	SNOW-HIKES	LUGING
FAVOR	HUNT	BROTHS
APPROACHES	SLIPPERY	GEARBAG
VICTORY	TUNING	TACTIC

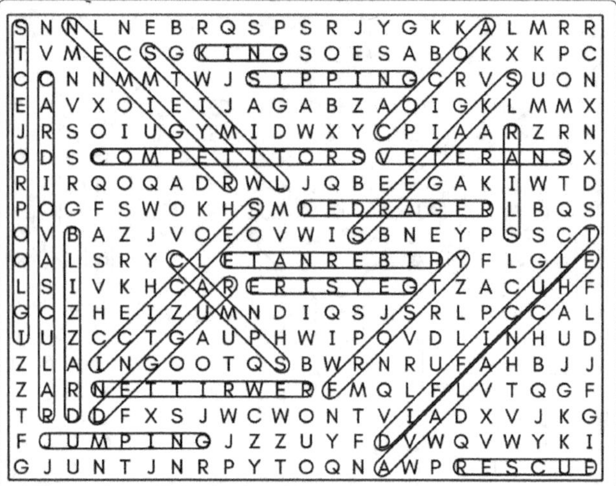

Puzzle # 77

BLIZZARD	SIPPING	RESCUE
REGIMEN	AVALANCHE	ICICLES
COMPETITORS	CARDIOVASCULAR	HIBERNATE
RAILS	VETERANS	LIMITS
FROSTY	GEYSIRE	SKATERS
DIFFICULT	IGLOOPROJECTS	KING
REGARDED.	REWRITTEN	COCOA
RUGGED	JUMPING	CAMPS

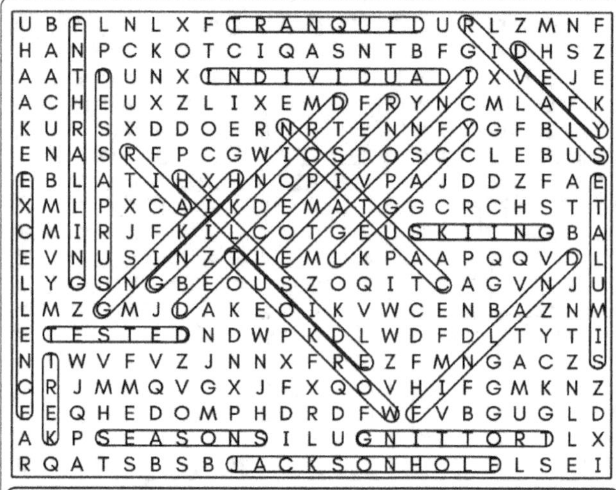

Puzzle # 78

SKIING	FINLAND	AIR
SURPASSED	DRINKING	SEASONS
TREK	WORKOUT	HILLSIDE
CAUTION	LEGACY	SIMULATE
TROTTING	EXCELLENCE	DEFY
RIVALS	JACKSONHOLE	INNOVATE
TESTED	RESPECTED	TRANQUIL
HIKING	INDIVIDUAL	ENTHRALLING

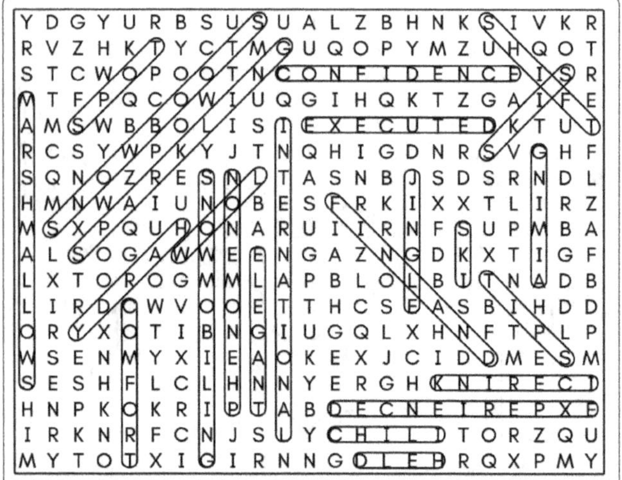

Puzzle # 79

WOOL	COMFORT	SKI
TOPS	SPARKLING	SKIS
AIMING	HELD	SNOWMOBILING
JINGLE	INTERNATIONAL	CONFIDENCE
MARSHMALLOWS	PHENOMENON	EXPERIENCED
ELEGANT	ICE-RINK	FINLAND
TIPS	EXECUTED	SNOWBOOTS
CHILI	HARDY	SHIFT

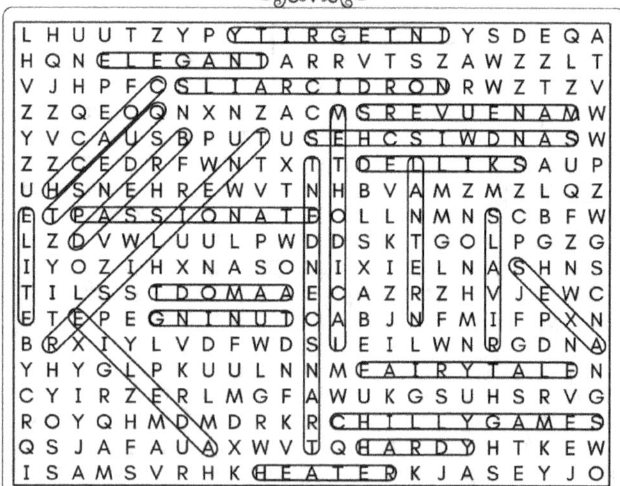

Puzzle # 80

CHILLYGAMES	BREAD	MANEUVERS
METHODICAL	COACH	SANDWISCHES
SKILLED	RIVALS	LANTERN
QUEST	AXES	TRANSCENDENT
HEATER	AAMODT	RESILIENT
PASSIONATE	ADELIE	ELITE
TUNING	INTEGRITY	NORDICRAILS
FAIRYTALE	HARDY	ELEGANT